海上絲綢之路基本文獻叢書

日本一鑑 窮河話海（下）

〔明〕鄭舜功 纂輯

文物出版社

圖書在版編目（CIP）數據

日本一鑑．窮河話海．下 /（明）鄭舜功纂輯．--
北京 : 文物出版社，2022.6
（海上絲綢之路基本文獻叢書）
ISBN 978-7-5010-7557-7

Ⅰ．①日… Ⅱ．①鄭… Ⅲ．①日本－歷史－史料
Ⅳ．①K313.06

中國版本圖書館 CIP 數據核字（2022）第 067817 號

海上絲綢之路基本文獻叢書
日本一鑑 窮河話海（下）

著　　者：〔明〕鄭舜功
策　　划：盛世博閱（北京）文化有限責任公司

封面設計：鞏榮彪
責任編輯：劉永海
責任印製：張道奇

出版發行：文物出版社
社　　址：北京市東城區東直門内北小街 2 號樓
郵　　編：100007
網　　址：http://www.wenwu.com
郵　　箱：web@wenwu.com
經　　銷：新華書店
印　　刷：北京旺都印務有限公司
開　　本：787mm×1092mm　1/16
印　　張：8.875
版　　次：2022 年 6 月第 1 版
印　　次：2022 年 6 月第 1 次印刷
書　　號：ISBN 978-7-5010-7557-7
定　　價：90.00 圓

總緒

海上絲綢之路，一般意義上是指從秦漢至鴉片戰争前中國與世界進行政治、經濟、文化交流的海上通道，主要分爲經由黄海、東海的海路最終抵達日本列島及朝鮮半島的東海航綫和以徐聞、合浦、廣州、泉州爲起點通往東南亞及印度洋地區的南海航綫。

在中國古代文獻中，最早、最詳細記載『海上絲綢之路』航綫的是東漢班固的《漢書·地理志》，詳細記載了西漢黄門譯長率領應募者入海『齎黄金雜繒而往』之事，書中所出現的地理記載與東南亞地區相關，并與實際的地理狀況基本相符。

東漢後，中國進入魏晋南北朝長達三百多年的分裂割據時期，絲路上的交往也走向低谷。這一時期的絲路交往，以法顯的西行最爲著名。法顯作爲從陸路西行到印度，再由海路回國的第一人，根據親身經歷所寫的《佛國記》（又稱《法顯傳》）一書，詳細介紹了古代中亞和印度、巴基斯坦、斯里蘭卡等地的歷史及風土人情，是瞭解和研究海陸絲綢之路的珍貴歷史資料。

隨着隋唐的統一，中國經濟重心的南移，中國與西方交通以海路爲主，海上絲綢之路進入大發展時期。廣州成爲唐朝最大的海外貿易中心，朝廷設立市舶司，專門管理海外貿易。唐代著名的地理學家賈耽（七三〇～八〇五年）的《皇華四達記》記載了從廣州通往阿拉伯地區的海上交通『廣州通夷道』，詳述了從廣州港出發，經越南、馬來半島、蘇門答臘半島至印度、錫蘭，直至波斯灣沿岸各國的航綫及沿途地區的方位、名稱、島礁、山川、民俗等。譯經大師義净西行求法，將沿途見聞寫成著作《大唐西域求法高僧傳》，詳細記載了海上絲綢之路的發展變化，是我們瞭解絲綢之路不可多得的第一手資料。

宋代的造船技術和航海技術顯著提高，指南針廣泛應用於航海，中國商船的遠航能力大大提升。北宋徐兢的《宣和奉使高麗圖經》詳細記述了船舶製造、海洋地理和往來航綫，是研究宋代海外交通史、中朝友好關係史、中朝經濟文化交流史的重要文獻。南宋趙汝適《諸蕃志》記載，南海有五十三個國家和地區與南宋通商貿易，形成了通往日本、高麗、東南亞、印度、波斯、阿拉伯等地的『海上絲綢之路』。宋代爲了加强商貿往來，於北宋神宗元豐三年（一〇八〇年）頒佈了中國歷史上第一部海洋貿易管理條例《廣州市舶條法》，并稱爲宋代貿易管理的制度範本。

元朝在經濟上採用重商主義政策，鼓勵海外貿易，中國與歐洲的聯繫與交往非常頻繁，其中馬可·波羅、伊本·白圖泰等歐洲旅行家來到中國，留下了大量的旅行記，記録元代海上絲綢之路的盛况。元代的汪大淵兩次出海，撰寫出《島夷志略》一書，記録了二百多個國名和地名，其中不少首次見於中國著録，涉及的地理範圍東至菲律賓群島，西至非洲。這些都反映了元朝時中西經濟文化交流的豐富内容。

明、清政府先後多次實施海禁政策，海上絲綢之路的貿易逐漸衰落。但是從明永樂三年至明宣德八年的二十八年裏，鄭和率船隊七下西洋，先後到達的國家多達三十多個，在進行經貿交流的同時，也極大地促進了中外文化的交流，這些都詳見於《西洋蕃國志》《星槎勝覽》《瀛涯勝覽》等典籍中。

關於海上絲綢之路的文獻記述，除上述官員、學者、求法或傳教高僧以及旅行者的著作外，自《漢書》之後，歷代正史大都列有《地理志》《四夷傳》《西域傳》《外國傳》《蠻夷傳》《屬國傳》等篇章，加上唐宋以來衆多的典制類文獻、地方史志文獻，集中反映了歷代王朝對於周邊部族、政權以及西方世界的認識，都是關於海上絲綢之路的原始史料性文獻。

海上絲綢之路概念的形成，經歷了一個演變的過程。十九世紀七十年代德國地理學家費迪南・馮・李希霍芬（Ferdinad Von Richthofen，一八三三～一九〇五），在其《中國：親身旅行和研究成果》第三卷中首次把輸出中國絲綢的東西陸路稱爲『絲綢之路』。有『歐洲漢學泰斗』之稱的法國漢學家沙畹（Édouard Chavannes，一八六五～一九一八），在其一九〇三年著作的《西突厥史料》中提出『絲路有海陸兩道』，蘊涵了海上絲綢之路最初提法。迄今發現最早正式提出『海上絲綢之路』一詞的是日本考古學家三杉隆敏，他在一九六七年出版《中國瓷器之旅：探索海上的絲綢之路》中首次使用『海上絲綢之路』一詞；一九七九年三杉隆敏又出版了《海上絲綢之路》一書，其立意和出發點局限在東西方之間的陶瓷貿易與交流史。

二十世紀八十年代以來，在海外交通史研究中，『海上絲綢之路』一詞逐漸成爲中外學術界廣泛接受的概念。根據姚楠等人研究，饒宗頤先生是華人中最早提出『海上絲綢之路』的人，他的《海道之絲路與昆侖舶》正式提出『海上絲路』的稱謂。選堂先生評價海上絲綢之路是外交、貿易和文化交流作用的通道。此後，大陸學者馮蔚然在一九七八年編寫的《航運史話》中，使用『海上絲綢之路』一詞，這是迄今學界查到的中國大陸最早使用『海上絲綢之路』的人，更多地限於航海活動領域的考察。一九八〇年北京大學陳炎教授提出『海上絲綢之路』研究，并於一九八一年發表《略論海上絲綢之路》一文。他對海上絲綢之路的理解超越以往，且帶有濃厚的愛國主義思想。陳炎教授之後，從事研究海上絲綢之路的學者越來越多，尤其沿海港口城市向聯合國申請海上絲綢之路非物質文化遺産活動，將海上絲綢之路研究推向新高潮。另外，國家把建設『絲綢之路經濟帶』和『二十一世紀海上絲綢之路』作爲對外發展方針，將這一學術課題提升爲國家願景的高度，使海上絲綢之路形成超越學術進入政經層面的熱潮。

與海上絲綢之路學的萬千氣象相對應，海上絲綢之路文獻的整理工作仍顯滯後，遠遠跟不上突飛猛進的研究進展。二〇一八年厦門大學、中山大學等單位聯合發起『海上絲綢之路文獻集成』專案，尚在醖釀當中。我們不揣淺陋，深入調查，廣泛搜集，將有關海上絲綢之路的原始史料文獻和研究文獻，分爲風俗物産、雜史筆記、海防海事、典章檔案等六個類別，彙編成《海上絲綢之路歷史文化叢書》，於二〇二〇年影印出版。此輯面市以來，深受各大圖書館及相關研究者好評。爲讓更多的讀者親近古籍文獻，我們遴選出前編中的菁華，彙編成《海上絲綢之路基本文獻叢書》，以單行本影印出版，以饗讀者，以期爲讀者展現出一幅幅中外經濟文化交流的精美畫卷，爲海上絲綢之路的研究提供歷史借鑒，爲『二十一世紀海上絲綢之路』倡議構想的實踐做好歷史的詮釋和注脚，從而達到『以史爲鑒』『古爲今用』的目的。

凡例

一、本編注重史料的珍稀性，從《海上絲綢之路歷史文化叢書》中遴選出菁華，擬出版百册單行本。

二、本編所選之文獻，其編纂的年代下限至一九四九年。

三、本編排序無嚴格定式，所選之文獻篇幅以二百餘頁爲宜，以便讀者閱讀使用。

四、本編所選文獻，每種前皆注明版本、著者。

五、本編文獻皆爲影印，原始文本掃描之後經過修復處理，仍存原式，少數文獻由於原始底本欠佳，略有模糊之處，不影響閱讀使用。

六、本編原始底本非一時一地之出版物，原書裝幀、開本多有不同，本書彙編之後，統一爲十六開右翻本。

目録

目録

日本一鑑 窮河話海（下）

日本一鑑　窮河話海（下）

〔明〕鄭舜功　纂輯

民國二十八年影印舊鈔本

日本一鑑窮河話海

下册

民國貳拾八年
據舊鈔本影印

「日本一鑑窮河話海卷之六

奉使宣諭日本國新安郡人鄭舜功纂叙

流航

備按海航漂至日本者始自秦始皇時以方士徐福部童男女數千人入海採神仙藥不克懼戮流注夷澶（即遠江紀伊之地）二洲僭稱秦王國號遠後漢時會稽東冶縣人有入海行遭風流移至澶洲者所在絕遠不可往來宋咸平壬寅建州海賈周世昌遭風漂至日本國乃於大中祥符戊申歲與其國人滕木吉至上召見以國詩獻及陳所紀州名年號賜裝錢遣歸淳熙丙申其國之船漂至明州衆皆不得食乞至臨安者復百餘人詔人日給錢五十文米二升候其國舟至日遣還淳熙癸卯七十三人漂至秀州華亭縣詔給常平義倉錢米以賑之紹熙丁未漂至泰州及秀州華亭縣復有漂風而至者詔免抽出常平米賑給而遣之

慶元庚寅漂至平江府嘉泰丙辰漂至定海縣詔並給錢米遣歸國皇
明嘉靖癸未福建市舶太監趙誠奏稱海上夷人數十遭風漂船奔逃
海岸乞食被獲即令日逐關給口粮撥軍防守亦欲伺便放歸本國又
廣東之揭陽縣大家井民郭朝卿販稻航海市漳泉遭風漂流至其國
既還得知海道復販貨財私市矣故濱海有犯罪者亡入彼中彼島之
主不知為罪犯而良落魄唐人多給之文移令週遊所部及別島主與
本島主之親故以濟究苦自足罪犯錯綜盤固於夷島歲增月益乎其
閒誘引倭夷從來海市漸為寇邊之患也

海市

備按日本之夷航海來市中國者初載漢書夷澶二洲之夷時至會稽
市唐書光啟己酉其東海嶼中有邪古波和多尼三小王北距新羅西
北百濟西南直越州有絲絮怪珍云宋雍熙甲申夷僧奝然入朝乃附

台州寧海縣商人鄭存德船以歸元豐戊午明州言日本太宰府遣通事僧仲回附泛海商人孫忠入朝乾道己丑始附明州綱首貢方物二至元丁丑遣商人持金來市銅錢詔許之大德戊戌僧寧一山者附商舟往使不報至大初招其來市明年己酉彼從之來互市慶元路即不滿所欲卒燔儀門及天寧寺舘而去皇明洪武辛亥福建興化衛指揮李興李春私遣人出海行賈上命都督府臣嚴處之洪武丙辰日本人滕八郎以商至獻弓馬刀甲硫黃之類却之伏按國制毋倭商市之條惟入貢夷順帶貨物許諸人互市嘉靖甲午給事中陳侃出使琉球例由福建津發比從役人皆閩人也既至琉球必候汎風乃旋比日本僧師學琉球我從役人聞此僧言日本可市故從役者即以貨財往市之得獲大利而歸致使閩人往往私市其間矣後有私市平户島島夷人貨即殺閩商未幾天乃雨血其地地復出血島夷俱灾遣殺諸商皆回

夢於島主島主寢疾立廟祀之其島始安自後私商至彼侍以殊禮繕舟遺之島夷稱貸故私商衆福亂始漸矣夫廣私商始自揭陽縣民郭朝卿初以航海遭風漂至其國歸來亦復往市矣浙海私商始自福建鄧獠初以罪囚按察司獄嘉靖丙戌越獄逋下海誘引番夷私市浙海雙嶼港投託合澳之人盧黃四等私通交易嘉靖庚子繼之許一松許二楠許三棟許四梓勾引佛郎機國夷人斯夷於正德間來市廣東不恪海道副使王鋐驅逐去後乃占滿剌加國住牧許一兄弟遂於滿剌加而招其來絡繹浙海亦市雙嶼大茅等港自茲東南釁門始開矣嘉靖壬寅寧波知府曹誥以通番船招致海寇故每廣捕接濟通番之人鄞鄉士夫嘗為之拯拔知府曹誥曰今日也說通番明日也說通番通得血流滿地方止明年癸卯鄧獠等寇掠閩海地方浙海寇盜亦發海道副使張一厚因許一許二等通番致寇延害地方統兵捕之許一許二等敵殺得志乃與佛郎機夷竟泊雙嶼夥伴王直的名

「鍠即五年於乙巳歲往市日本始誘博多津倭助才門等三人來市雙嶼明年復行風布其地直浙倭患始生矣歲丙午許二許四因許一許三事故所欠番人貨物無償却以姦黨於直隸蘇松等處地方誘騙良民收買貨財到港許二許四陰嗾番人搶奪陽則寬慰被害之人許償貨價故被害者不知許二許四之謀但怨番人搶奪自本者則舍而去之借本者思無抵償不敢歸去乃隨許四往日本國價以歸舟至京泊津遭騙之人寖以番人搶騙財貨之故告於島主島主曰番商市中國敢搶中國人財今市我國莫不懷擄矣即殺番人乃以薪粒等物給許四使送華人以歸許四自思初欠番夷貨物又失番夷商賈歸竟不敢向雙嶼却與沈門林剪許獠等合踪劫掠海隅民居許二以兄弟許一許三喪亡許四不歸所欠番人貨財不能抵償遂與朱獠李光頭等誘引番人寇劫閩浙地方矣明年丁未胡霖等誘引倭夷來市雙嶼而林剪往」

自彭亨國誘引賊衆来與許二許四等合為一踪刼掠閩浙邊方騷動
巡按浙江監察御史楊九澤事聞於朝敕都御史朱紈調兵征討許二
許四等以靖閩浙以安地方明年戊申科道交章軍門購獲許二許四
逃去西洋雙嶼港窒於時林珣誘引倭夷稽天私市浙海官兵獲之又
王直徐銓即惟學名碧溪一誘倭私市馬蹟潭惟陳思泮誘倭來泊大衢山名
雖稱商入刼洋子江船矣己酉冬王直等誘倭市長途明年庚戌巡按
廣東監察御史王紹元以鄉宦族通倭構訟乃建議曰海利獨歸於宦
豪莫若屬權於官府惟時朝議琉球朝鮮爪哇諸族地隔漲海自古未
為邊寇惟日本一國只宜遵祖訓不許與同今御史王紹元要開市舶
事亦慎重之至合行直隸浙江福建廣東撫操巡按三司等官會議果
於地方無損國課有益咨覆奏奪而御史王紹元雖懷富國之謀未審
寇盗之漸議亦未行本年徐銓等勾引倭夷俱市長途比有盧七沈九

誘倭入寇突犯錢塘浙江海道副使丁湛移檄王直等拏賊投獻姑容私市王直脅倭即拏盧七等以獻明年辛亥王直等船泊列港又拏陳思泮等以獻惟龔十八（一名碧溪）王直縱之使同海市又明年壬子拏七倭賊以獻比時徐海誘引倭夷亦泊列港陽則稱商陰則為寇又别倭船來稱海市王直欲與伢市之抑無所齎濟以薪米遂同行日本於時巡按浙江監察御史林應箕乃以海上多事奏聞於朝敕都御史王忬經畧浙福地方明年癸丑而葉宗滿（即碧川一名五龍）勾引倭夷來市浙海比懼舟師不敢停泊住市廣東之南澳閩廣倭患始生矣比有王十六等誘倭焚刼黄岩縣參將俞大猷湯克寬欲令王直拏賊授獻而賊已去乃議王直以為東南禍本統兵擊之於列港追至長途次馬蹟潭銃砲聲響驚起蟄龍兵船漂散王直之船無敢定泊於夏六月乘風逃去之平户歲甲寅佛郎機國夷船來泊廣東海上比有周鸞號稱客綱乃與番

夷冒他國名誑報海道照例抽分副使汪柏故許通市而周鸞等每以小舟誘引番夷同裝番貨市於廣東城下亦嘗入城貿易又徐銓等誘倭市南澳復行日本因風逆回泊柘林都御史鮑象賢先命東哨統兵官黑孟賜統率舟師伺擊之徐銓入水而死餘皆就擒歲乙卯佛郎機國夷人誘引倭夷來市廣東海上周鸞等使倭扮作佛郎機夷同市廣東賣麻街遲久乃去自是佛郎機夷頻年誘倭來市廣東矣姦民罪犯深重者移家受廛於夷島深根固蒂乎其間藉以買賣之名用其賊寇之技汎去汎來東南多事科道憂時不知海賊之盤根但以王直為奇貨惟時工部右侍郎趙文華奏奉欽敕祭告東海切惟已禍不得要領故問通番之人而通番輩告以必得王直主通海市則禍可息故遣使「招之明年丙辰毛烈（王直義兒）葉宗滿聽招而至船泊列港都御史胡宗憲命往舟山拏賊授獻又以贊畫俞一鑑等質於毛烈葉宗滿乃得王」

濡夏正邵岳童華謝天與等到官用之故縱毛烈葉宗滿私市而去於時南澳倭夷常乘小舟直抵潮州廣濟橋接買貨財往來南澳而胡宗憲又遣使人至澳招諭王宗道即清溪李貴顯即華山隨以家屬到官自許送倭還國復歸浙海以圖自効歲丁巳招來貢夷德陽等船一艘泊於舟山馬墓港遂館本山道隆觀又招至毛烈葉宗滿謝和王直等誘來市倭四百餘船四艘俱泊舟山之岑港時趙文華以病去位而胡宗憲遣使招諭之復以指揮伍惟統質於葉宗滿船而葉宗滿乃與毛烈先來到官烈復下海王直乃到軍門歲戊午毛烈謝和與同倭夷善妙等登據岑港乃挾德陽入巢遂焚舖宇而王宗道李貴顯自日本至浙海驚見舟師卒伍往南澳久之毛烈與倭移巢柯梅用兵年餘費靡無算乃縱之拔巢而去誘倭來市之初總兵俞大猷副使劉燾即欲擊之以成速効然而副總兵盧鏜及與功志闇合不欲擊之以成長策各言軍

門俱不聽乃以開囮鷹犬以市媚軍門上下交征利是故債事矣戊午春葉宗滿夥謝二董二等誘倭來市官兵誘擒之宗滿即碧川又名五龍光私貨與被許二黨騙流落日本歲癸丑始誘倭市南澳歲丙辰王直聽招以市畏法不決欲毛烈先行烈子難之邀宗滿宗滿欲市南澳直曰市南澳有利無名同烈行名利兩得宗滿聽與董華來市列港時徐海亂軍門知華為海契以俞一鹽貲之到官散海黨宗滿率倭商殺舟山倭賊後去日本歲丁巳宗滿至岑港軍門以伍惟統貲之到官復縱下海歲戊午軍門用兵預令宗滿歸因之後夥謝二董二誘倭來市泊朱尖官兵誘擒歲庚申宗滿建戊驤蕃衛。又且南澳自戊午歲前皆海市者戊午以後乃為賊窩而許朝光等負固其間倭寇閩廣則歸此澳擄得貨財人口許朝光等則必預造大船市與賊衆裝載以歸劫得金銀與之伢市而去嘉靖己未巡按廣東監察御史潘季馴禁止佛郎機夷登陸至省惟容海市今年許朝光造船市倭賊賊市船乘即破卒怨許朝光欲復劫掠地方又慮官兵不利議劫許朝光乃得貨舡還島遂入澳劫殺許朝光朝光不支即脱澳倭賊乘船以去官兵遂守澳中後兵因缺粮適新賊至兵乃導賊刼掠東莞地方而許朝光聽從都御史吳桂芳招諭船泊闢望海上蓋畏國法不即傾心矣近又訪得日本之夷皆以華人勾倭離島名雖稱商實為寇盜故今鮮有從商者多從佛郎機夷之船來市廣東海上今年佛郎機夷號稱海王者官市廣東龍崖門得聞三洲有船私市謂減己利而乃牽入龍崖與之伢市而去稱海王者蓋屋居止龍崖門民厭其禍官懷隱憂遣使驅逐恬然不懼此患積至十年矣又聞市銅鑄造大銃聲言朝貢莫知所為復有佛郎機夷號稱財主王者橫過海王俱處其間隱禍亦不可測也為今之計若非寬恩委任漸次處分潛消不形之禍設或凶變不論十年之積禍一時坐責當事者孰願治海之任哉奚成已禍之道哉伏思我皇祖宗之制既無倭市之條只當宣昭大信庶使四夷永守畫一之法猶可也何乃以市自誣之功念介子之微勞幸覲堯皇之盛世不敢設施奇詐乃敢殫竭孤忠期杜萬釁之門

須明一定之理功 幼虜學少不師章句兹心奉使憂勤以勵報國者耶
仰惟天眷鑒察微衷矣

流逋

備按流逋誘倭入寇前代無稽考鄞監生薛俊云倭自魏隋唐宋以來
雖屢朝貢厚功賞賚又屢寇邊陲吏部侍郎楊守 論倭奴貢獻書自
唐以至近代已嘗為中國疥癬矣通鑑所載元至大戊申海上有警
大己酉寇慶元路焚燬儀門及天寧寺此乃招來互市者元末
倭屢入寇抑無所紀倭寇國初者乃寇元之利也必有流逋以導之備
考流逋誘倭入寇自洪武己酉歲廣東賊首鍾福全挾倭寇掠官兵平
之又倭寇直隸上遣使臣祭告東海出師捕之故於己酉庚戌之歲遣
使往諭日本王於歲辛亥其王良懷遣使送至明州台州被虜男女七
十餘口明年壬子又歸所掠海濱男女七十八人歲甲寅靖海侯吳禎

寧沿海衛軍出海捕倭至琉球大洋獲　京日本又以所掠瀕海民

一百九人來歸洪武辛酉姦臣胡惟庸

洪武丁卯昌國（即今舟山）姦民嘗從倭為寇故徙之為寧波

衛卒洪武辛未黃岩賊首張阿馬誘倭至海邊摽掠兵之洪武壬午使

有還自東南夷者言諸番夷遁居海島中國軍民無賴者潛與相結為

寇成祖文皇帝遣使齎勅諭之曰好善惡不善人之同情有不得已而

為不善者亦非本心爾等或被罪譴或苦饑寒流落諸番與之雜處遂

同為劫掠苟圖全活巡海官軍既不能矜情招撫更加侵害爾等雖有

悔悟之心無由自遂朕甚憫焉今特遣人齎敕往諭九番國之人即各

還本土欲來朝者當以賜賚遣還中國之人逃匿在彼者咸赦前過俾

復本業永為良民若仍恃險遠執迷不悛則命將發兵悉行勦戮悔將

何及永樂癸未錦衣衛臣奏福建送至海寇若干人法當棄市上曰朕

許以不殺今殺之是不信不信後來者之路塞矣俱宥之謫戍邊錦衣衛臣復奏寇有婦女一人本虜得之今已為妻合無俱發邊上曰本吾良民不幸為寇掠可釋歸原籍永樂甲申倭寇直隸浙江地方遣使中官鄭和往諭日本王明年乙酉其王源道義遣使獻所獲倭寇嘗為邊患者上嘉其勤誠遣使齎璽書褒諭之遂封其國之山曰壽安鎮國之山上親製文立石其地仍賜白金等物於時福建都指揮張鑑統兵捕倭私受賊賂又縱兵掠民財罪止謫戍夫何寬貸如是耶歲丙戌仍遣敕諭海島流人曰爾等本皆良民為有司虐害不得已逃移海島劫掠苟活流離失業積有歲年天理良心未嘗泯滅思還故鄉畏罪未敢朕比聞之良用惻然茲特遣人齎敕諭爾凡前所犯悉經赦宥譬之春冰渙然消釋宜即還鄉復業毋懷疑慮以取後悔惟時平江伯陳瑄率海運船過沙門島適遇倭寇隨率運軍追至朝鮮境上而還永樂丁亥日

「本王源道義又遣使獻所獲倭寇道金等上嘉之賜敕褒諭明年戊子」又遣使獻所獲海寇上命以寇屬刑部宴賚其使嘉賜其王王道義死海寇復作永樂丁酉捕倭將士擒寇數十人獻京師賊有微葛成二郎五郎者訊之乃日本人羣臣言日本數年不修職貢意為倭寇所阻今首賊乃其國人宜誅之以正罪上曰遠人威之以刑不若懷之以德姑宥其罪遣使押示其王王源義持隨遣使奉表謝罪朝貢如初永樂戊戌倭寇金山衛明年己亥鎮守遼東總兵官劉江殲賊寇於望海堝於是內嚴武備外嚴禁戢寇盜漸已宣德之世馭以要領東海晏然正統己未賊首畢善慶乘間誘倭寇掠大嵩等處失機官員被刑者三十六人景泰己亥寇健跳成化丙戌賊僞稱貢又破大嵩備按正統景泰成化時賊雖間發驅之即去未嘗深入為患也嘉靖癸未二倭讎殺驚動地方此乃入貢之倭固非入寇之賊蓋當事者處置未當故招其亂乃

挾指揮袁璡以去於是罪犯逃夷曰鍾林曰望古多羅漂至朝鮮國王李懌獲俘二倭併級三十及被擄民汪漾等八名來歸適者倭寇始自福建鄧獠初以罪囚按察司獄於嘉靖丙戌越獄布政查約流逋入海誘引番夷往來浙海繫泊雙嶼等港私通罔利至庚子歲繼之許一許二許三許四等潛從大宜滿剌加等國誘引佛郎機國夷人絡繹浙海亦泊於雙嶼大茅等港以要大利東南釁門始開矣嘉靖癸卯賊首鄧獠寇掠閩海地方浙海寇發蓋以許一許二兄弟等為誅首惟時海道副使張一厚統兵討捕敗績故許一許二等遂以番船竟泊雙嶼矣嘉靖乙巳許一夥伴王直等往市日本始誘博多津倭助才門三人來市雙嶼港直浙倭患始生矣嘉靖丙午許四市倭不利歸背雙嶼却與賊首沈門林剪許獠等衆刼掠閩浙海隅許二以兄弟許一許三喪亡許四不歸隨與賊首朱獠蘇獠李光頭等嘈同番夷刼掠閩浙海隅民居

明年丁未賊首林剪等誘引彭亨賊衆來與賊首許二許四合爲一踪肆掠閩浙地方而謝文正公遷第宅遭其一空備倭把總指揮白濬千户周聚巡檢楊英出哨昌國海上却被許二朱獠擄去指揮吳璋乃以總旗王雷齎千二百金往贖之賊得此利故每擄邊富民以索重贖地方多事巡按浙江監察御史楊九澤事聞於朝敕都御史朱紈調兵征勦賊首許二許四以靖閩浙以安地方明年戊申科道交章軍門購獲而廣示諭有獲賊首許二許四一名者賞銀一千兩舉官萬户侯許二許四不能任泊逃入西洋而雙嶼港始窒也惟賊首朱獠夥番夷人旋環浙海入刼太湖洞庭山得獲大利謀殺番人而朱獠等輩即離海上又陳思泮誘倭潛泊大衢山入刼洋子江船嘉靖乙酉閩浙小康浙江海道副使丁湛傳示備倭各總官凡福兵船勿復給支任其歸去福兵既歸於路乏糧刼掠到家福建海道副使馮璋得聞前情已到福兵遂

獲於獄其未到者聞風遁去之日本此又益增賊寇也嘉靖庚戌賊首盧七沈九誘倭寇掠突入錢塘惟時王直誘倭私市長途海道移檄王直等拏賊授獻王直脅倭拏盧七沈九以獻明年辛亥拏陳思泮以獻於時賊首龔十八亦誘倭夷寇掠直浙海邊歲壬子日本之種島土官古市長門守聞島倭夷脅從唐人犯華者誅首凡五人惟時王直等拏七倭賊以獻賊首徐海誘倭入寇浙海地方自是浙海倭寇漸衆巡按浙江監察御史林應箕奏聞於朝敕都御史王忬經略閩浙地方明年癸丑而葉宗滿誘倭來市浙海驚見舟師故不敢泊往市廣東之南澳閩廣倭患始生也時有賊首蕭顯等誘倭入寇上海縣賊首王十六沈門謝獠許獠曾堅等誘倭焚劫黃岩縣參將俞大猷湯克寬欲令王直於黃岩拏賊授獻而賊已遁乃議王直以為東南禍本統兵擊之於列港追至長途次馬蹟潭銃砲聲響驚起蟄龍風浪大作兵船漂散王直

舟不能泊於夏六月乘風逃去之平户嘉靖甲寅賊首徐海二度誘倭入寇直浙賊首吳德宣誘倭巢柘林蕭顯誘倭寇嘉定王阿八誘倭寇蘇州劉鑑誘倭寇常熟許二許四誘引番夷犯廣東歲乙卯倭寇猖獗工部右侍郎趙文華奏奉欽敕祭告東海揚師討賊巡按浙江監察御使胡宗憲乃以毒劑酖殺倭寇於王江涇夏四月辛卯布衣臣舜功奏奉宣諭日本國賊首許二自廣東海上與同王濡（即汝賢王直之姪）徐洪（徐海之弟）往日本會王直徐海沈門等許四潛搬家屬以俟許二同船一同入倭賊首林碧川誘倭入寇直浙一枝誘倭入寇燔爐湖墅民居二萬七千餘家（一枝一名阿九先年被誘下海王直得之以為義兒自後奔入普陀山僧一明懷獲之為徒更名真其與之遊方寓宜興之善權寺入嘉靖壬子復還普陀適王直等詣山燒香識為阿九仍帶下海明年癸丑海上舟師追捕王直甚緊一枝同逃去日本久之乃竊王直貨財奔匿島原貨財既盡無以聊生聞徐海入寇有利至是誘倭入寇直浙焚燬湖墅民居二萬七千餘家復往日本後於丁巳歲王直聽招將行時訪知一枝蹤跡隨招同來王直到官一枝乃為船頭明年戊午貿圖舟山冬十一月奔去閩海五嶼與倭寇犯海陽官兵撲殺之）又賊一

起五十二人初自邱洋登陸渡曹娥鄉官史史錢鯨被害走紹興過蕭山渡錢塘入富陽奔嚴州歷徽州經寧國太平逮京郛把總朱襄蔣陞陣亡賊越常州等處地方至於蘇州之木瀆都御史曹邦輔親自提兵討滅之惟時工部右侍郎趙文華經略東南廣詢巳亂之策而通番輩告以必得王直主通海市乃可巳亂故遣使人以招之許二之船至日本泊於京泊津乃送王濡以會王直徐洪以會徐海自會沈門於高洲歸歷小琉球盜島木植島夷殺之嘉靖丙辰賊首徐海三度誘倭入寇直浙隨與賊首陳東薗桐鄉巢沈莊都御史胡宗憲計謀擒散之徐海即明山為虎跑僧法名普淨嘉靖辛亥海關叔銓誘倭市列港往謁之同行日本日本之夷初見徐海謂中華僧敬猶活佛多施與之海以所得隨繕大船明年壬子誘倭稱市於列港時銓與王直奉海道檄出港拏賊送官而海船倭每潛出港刼掠接濟貨船遭刼掠者到列港復遇刼掠賊倭陽若不之覺陰則尾之識為海船之倭也乃告王直直曰我等出港拏賊豈知賊在港中耶隨戒海海怒欲殺王直而銓亦復戒海乃止海復行日本歲甲寅誘倭入朝明年乙卯大肆寇掠乃於崇德虜妓[illegible]王翠翹王綠妹等以去其弟洪光自廣東附許二船至倭會海告以叔

銓為廣東官兵所滅明年丙辰海乃糾結種島之夷助才門即助五郎薩摩夥長掃部日向彥太郎和泉細屋凡五六萬衆船千餘艘欲往廣東為銓報讐商董聞曰浙海市門為其所閑今復至廣東我等無生意也伺他去時合拏送官免閑市門海聞懷懼遂不赴廣東乃向直浙船行洋中多遭漂沒而海仍部二萬餘會陳東葉明肆掠直浙地方隨與陳東圍桐鄉都御史胡宗憲以民人何子實諜知海情復以何子實導引民人視夢麟陸鳳陸喬充指揮千户贊畫往質海巢得海弟洪以解桐鄉之圍復以中書羅龍文質於海巢期內海降乃先期挾兵入平湖見工部侍郎趙文華都御史胡宗憲阮鷄御史趙孔船於時文華宣言曰你這狗骨頭本是中國生民如何勾引島夷殘害地方本當斬首毋赦但念爾投降一念可嘉今特赦爾靜處梁莊侍我奏請朝廷發落若不安分便有一木一單之動我當親率大師以奉天討決不爾貸比海有逆狀文華覺欲賜海酒酖殺之而宗憲乃以龍文尚在海巢故止海既退巢沈莊宗憲但以董華為海法眷書使往海巢齎同龍文說海歸順凡海所懇而龍文童華隨即合言於宗憲必姑與之復以童華汪泰何子實等通海以擒陳東又以何子實闖應襲管懲光等通海以擒葉明仍以龍文童華計陷海等以散黨科理既定夜以何子實執諜響導鳩散海巢隨獲翠翹綠妹令擒溺之徐洪等解京大戮

番吳定韓朝仕初為王直夥伴以徐海入寇有利至是誘倭入寇不知所終賊首周一誘倭寇慈谿賊首許棟寇月港朝鮮送還被虜人口冬十二月庚子日本西海修理大夫六國刺史豐後土守源義鎮僧清授附舟報

使先是布衣鄭舜功奉使日本至是報使請乞國典還國一體遵照施
行嘉靖丁巳春正月辛巳賊首許四帶同家小遁汀贛以俟許二回船
裝載入倭惟時布衣鄭舜功使日本還道經汀贛訪知許四蹤跡招諭
不從擒致總督軍門賊黨有事軍門者謀請寬貸縱放湖廣鎮溪衛從
戍終身許四即許梓其兄許二許三先年下海通番贅於大宜滿剌加
自後許四與兄許一嘗往通之嘉靖庚子始誘佛郎機夷往來浙海泊雙嶼港私通交易每與番夷賒出番貨於寧紹人易貨低償濱海游民視以禁物輒捕獲之於是游民得志乃篤小船沿海邀劫致殺傷人被害之家乃以許一許二賺騙下海鳴於海道副使張一學親自統兵以捕之敗績自是番船竟泊雙嶼未幾許一被獲許三喪亡許二許四向與番人賒出貨物十無一償番人歸怨許二許四無以為解計令夥倖於直隸蘇松等處地方誘人置貨往市雙嶼既至其間許二許四陰嘯番人搶奪陽則寬慰誘來之人認還貨價久無所償自本者舍而去之借本者不敢歸去乃從許四泛日本圖償貨價以歸既至日本京泊津遣害之人乃以番人搶貨之事吉於島主島主曰番人市中國敢搶中國人財今市我國莫不懷擄矣即殺番今乃以新粒等物給許四使送華人以歸許四自思初失番人貨物又失番人商貫是故不敢向雙嶼即與沈門林剪等劫掠闔浙地方乃以林剪往彭亭邀賊入寇於時許二以許一許三喪亡許四不

歸番人折本自已乏食遂與米獠等誘同番人劫掠閩浙海陽明年丁未林勇自彭亨誘引賊衆駕船七十餘艘至浙海會許二許四合為一蹤劫掠沿海地方而謝文正公遭第宅為之一空備倭把總指揮白濬千户周聚巡檢楊英出哨昌國海上却被許二朱獠擄去指揮吳璋乃以總旗王雷齋千二百金往購之於是得志故每擄掠海陽富民以索重贖地方多事巡按浙江監察御史王九澤奏聞於朝敕都御史朱紈調兵征討許二許四明年戊申科道交章軍門贖獲而廣示諭有獲許二許四一名者賞銀一千兩舉官萬户侯許二許四逃去西洋雙嶼港窒惟賊首朱徐乃與番人復回浙海入寇大湖洞庭山得獲大利卒與夥伴謀殺番人即離海上於歲甲寅許二許四復誘番人犯廣東得聞沈門已帶家屬去往日本許二遂以許四潛搬家屬却自先往日本會沈門等復回廣東期約許四同搬家屬入倭於是許二[illegible]同王濡徐洪往日本以會王直徐海而許二自會沈門於高洲歸經小琉球盗島木植島夷殺之許四搬帶家屬逕身汀贛以候許二船還於歲丁己布衣鄭舜功宣諭日本歸經贛州訪知許四蹤跡招諭歸正不從擒致總督軍門賊夥先在軍門聽用者為之謀請縱放湖廣鎮溪衛從戍終身備按許四倡亂海洋罷逆深重又況不從招諭常赦不原其生擒歸軍門而輕縱之渠魁既縱脅從則亦可縱矣向便深根固蒂於夷島以釀撫宄之禍歟賊首施寶圓誘倭入寇浙江地方惟時出海官乃以王濡誘擒之

浙江妖人馬道士搆姦謀叛隨定之日本西海修理大夫源義鎮差僧德陽求貢先是遣使招諭日本又招王直故招其來又招至謝和葉宗

滿毛烈王直各船一艘泊岑港而葉宗滿毛烈與王直先後到官毛烈又復下海本年朝鮮送還被擄人嘉靖戊午春二月招來毛烈與招來倭善妙等棄船巢岑港於時招來貢夷德陽等先館之於道隆觀至是善妙挾之入巢遂焚館宇日本國屬周防國差僧龍喜求貢先是遣使招王直故招其來於時都御史胡宗憲用事舟山海上官兵掩殺之抑復有逃去者夏四月乙巳義士沈孟綱胡福寧往諭日本王還至潮洲海上竟被弓兵陷殺之先是布衣鄭舜功往諭日本至豐後得彼之情乃以從事沈孟綱胡福寧齎執批書往諭日本國王源知仁獲其聽信還至潮州執批赴投闗望巡檢司照驗却被弓兵毀滅批文誣執下獄信報得知告言軍門而不之信令人申救已陷殺於其間矣秋七月毛烈等移巢柯梅冬十一月拔巢而亡入閩廣本年賊首洪澤珍誘倭寇福建嘉靖己未賊首毛烈誘倭寇閩廣許獠誘倭寇潮州嚴山獠誘倭

寇福建直隸，別起倭賊，盤據南洋之三沙，久之遁過北洋，及先犯北洋地方倭賊，皆都御史李遂平之。於時吳淞、定海兵夫為亂。冬十二月壬戌，王直伏誅。

王直的名鋥，即五峯，初以游方下海，於歲庚子乃與許一、許二、許三、許四等誘引番夷來市浙海，至乙巳歲往市日本，始誘倭夷來市雙嶼，構成大禍於東南。至庚寅、辛亥、壬子歲，浙江海道檄令擊賊，是故得名。明年，賊首王十六等誘倭焚劫黄岩縣，參將俞大猷、湯克寬欲令王直擎賊授獻，而賊已去，乃議王直以為東南禍本，統兵擊之於列港，追至長遂，次馬蹟潭，銑炮聲響，驚起蟄龍，兵船漂散。逃去兵士延上馬蹟者，皆被王直等胥倭盡殺之。直亡去日本，其毋妻子獲之於獄。其姪王濡者，斧入廣東，附許二船往倭，會直，告以前事，欲為全家之計。既而海患日繫，料道憂時，不知要領，却以直為奇貨，是故軍門乃以直子王澄刺血寫書，使人招直。直姪王濡而先到官，直同毛烈、謝和、葉宗滿續後而至。直畏國法，不即傾心，而葉宗滿、毛烈先到軍門，毛烈又復下海。軍門遣使夏正諭直曰：汝若到官，為汝保奏，全汝身家；若不聽從，再差鄭舜功往諭日本王縛汝來歸。隨差夏正示諭，招來貢市之矣。德陽、善妙曰：軍門傳示汝等，若擎王直送官，為汝奏請，容汝貢市，仍賞汝等以歸；否則不容貢市，亦無賞賜。德陽之謂善妙曰：主君兩遣使人効順中國，不得一朝皇帝，使我空回，主君無面目，令擎王直，遂官，不圖受賞，若得一朝皇帝，我等歸去，主君也有面目。將擎直，直覺之，思無所容身，乃曰：我本華人，肯與倭兒價賣耶？寧自割頭獻軍門。至是到官。毛烈遂不復追。備按得直本是游民，初以圖利下海，國無商長之號，不過頭目之稱。蓋因庚戌、辛亥、壬子歲奉檄擎賊，是故負名，既負虛名東南向受賓禍矣且如直者國深夷島積今不知幾多耶書云殲厥渠魁脅從罔治久無一决縱之深固而乃究兵奚為長治久安之道嘉靖庚申賊戮葉宗滿充鎮番衛永遠軍賊首蕭雪峯張璉又徐獠王獠許西池及謝獠暨　閩廣地方浙直軍門遣回廣兵過江西焚燼玉山永豐等縣本年朝鮮送歸被虜人嘉靖辛酉賊首陳思達犯詔安獲之嘉靖壬戌南澳賊首洪獠聽從福建軍門招諭亦復下海又小洪獠林獠郭獠魏獠王東泉徐北峯即徐元亮等新舊賊船俱各滿載去訖賊首張璉等都督俞大猷計擒之隨散其黨冬十二月賊首魏獠郭獠誘倭陷興化據之嘉靖癸亥南澳賊首許朝光聽從福建軍門招諭以散興化之寇朝光亦復下海屯聚南澳賊首王伯宣誘倭寇廣東官兵獲之賊首許朝光被倭刼殺出南澳南澳始室官遂設兵以守之新到倭賊之船不能停泊適被反兵導之寇掠東莞地方　兵撫省至雷州福建之兵亦亂俱撫息備按嘉靖以來倭寇中國

擄掠男女刼奪貨財費靡刑傷不可勝計今禍不已者皆內治之未當耳且如許二許四倡亂海洋固東南之禍本繼之王直誘倭來市於雙嶼此為直浙之禍本又葉宗滿誘倭來市於南澳此為閩廣禍本也且王直聽招而來蓋以遲久故請大戮此固宜矣而葉宗滿矢心歸正貸死以充永遠軍可也許四不從招諭常赦弗原其生者故擒致之於軍門而乃縱放從戍終身處此三事情法當歟未當歟致使逋逃首鼠不決故王宗道已奉招諭至而復適洪獠既聽招諭又復下海今許朝光雖曰聽招仍駕樓櫓之於闗望海上不卽傾心者蓋聞前官招亡未成忠信今此之流畏罪未敢此固當為忠信處之以開來路以弭海患猶可也豈惟殺戮為奇耶抑且王直歸順之秋浙鄉士大夫有曰授官者巡按浙江監察御史王本固曰做賊授官則人不必讀詩書登科第做賊亦可做官矣今許朝光人亦有言授官者殊不知如朝光輩深固夷

島者甚多若非長議以成忠信而處之抑恐此輩效尤為亂階爾前者誘來之夷處置失宜或殺或遁又且流逋深固夷島煽惑夷心向化解體春防秋備而兵妄殺平民者有之自為寇盜者有之此何時以致太平耶 功 按倭夷尚習詩書稍明禮義其至敬者文德也至聰者賊寇也念 功 昔奉宣諭其能聽從然用方略不厭詐謀擴充武功必本忠信豈昔當年之臣助長盜名輙懷娼嫉不用要領惡反究黷乎孔子云成事不說遂事不諫既往不咎明智者今可不圖後患哉仍將古今寇年以記其畧與憂世者鑒

元至大戊申浙江有警 己酉寇浙江之慶元路此招來市之倭 洪武己酉寇山東浙江廣東直隸 辛亥寇廣東山東 壬子寇浙江福建日本歸所掠海濱男女高麗王顯遣中郎將宋坦以被擄金希聲等十一人來歸 癸丑寇山東浙江 甲寅寇山東直隸本年高麗日本送還被擄人 乙卯寇廣東 庚申寇廣東詔責日本縱民為非 辛酉倭使如瑤脅從叛逆此原內姦所致也 甲子寇浙江 己巳寇山東 庚午寇浙江 辛未寇廣東浙江 癸

酉 寇福建浙江 甲戌 寇浙江遼東 丙子 寇廣東 戊寅 寇山東浙江 辛巳 寇浙江 壬午 敕諭海島流人
永樂癸未 寇福建 甲申 寇浙江直隸福建 乙酉 日本以獲倭寇來獻 丙戌 遣敕詔諭海島流人 丁未 日本
以獲倭寇來獻 戊子 寇山東日本以獲倭寇來獻 己丑 寇山東 辛卯 寇廣東 壬辰 寇浙江 乙未 寇遼東
丙申 寇直隸山東 丁酉 寇浙江時獲生倭遣使押示日本王 戊戌 寇浙江直隸 己亥 浙江有警寇遼東朝鮮送還被
虜人 庚子 寇浙江福建 壬寅 寇浙江 正統己未 寇浙江 壬戌 寇浙江 癸亥 浙江沙萬藤嶺地方獲倭
一人解官此倭使人遂夾至此疑或有故 丙寅 寇浙江 景泰乙亥 寇浙江 成化丙戌 寇浙江 嘉靖癸
未 二起貢夷為亂浙江 乙巳 王直誘倭初至浙江之雙嶼 戊申 寇浙江直隸 庚戌 寇浙江 辛亥 寇浙江直隸
壬子 寇浙江 癸丑 寇浙江直隸葉宗滿誘倭初至廣東之南澳 甲寅 寇直隸浙江 乙卯 寇直隸山東浙江福建
丙辰 寇直隸浙江福建山東朝鮮送還被虜人 丁巳 寇福建浙江直隸朝鮮送還被虜人 戊午 寇廣東南澳之閒為賊淵藪浙
江福建皆有賊 己未 寇廣東福建浙江直隸 庚申 寇廣東福建浙江招門朝鮮送還被虜人 辛酉 寇廣東福建浙江 壬
戌 寇廣東浙江福建 癸卯 寇浙江廣東福建 甲子 浙江有警福建廣東己上賊寇所聞知者鮮於海亂鬼錄海亂鬼者倭海
魚名以方倭賊也

被虜

備按嘉靖庚戌以來倭寇每犯於中國於今一十五年矣邊民被虜於夷島莫可勝算昨歲癸亥提督浙江都御史趙炳然出師於溫州俘囚童馬二（一名陳十二又名陳二矸）稱倭薩摩（倭音聰滋邁）之高洲（倭音太佳自）邊海所居不滿百被虜中國男女二三百人髡其髮跣其足使之牧牛馬供薪水為炊爨凡炊飯挨次以給其長幼餘着釜之焦飯加以豆滓糟糠糠皮山菜草根之類亦皆犬彘之食食既不能充腹衣又不能蔽體被虜思歸而有脫逃者却被巡兵斬首以獻功竊有同逃之民登高窺望豈不寒又復適入倭居矣羈縻歲久隨風而化成寇倭樂為之嚮導愚謂海之鰕鮓也嗟夫此輩非倭種類痛罹賊虜於夷島籲天無路伸其情叩地無門達其意乃作倭寇而受戮（功）臨斯島抑知此輩豈不哀歟覆按洪武己酉遣使宣諭日本王以倭犯境之故逮歲辛亥其王良懷遣使送至

明州台州被虜男女七十餘口明年壬子又歸所掠海濱男女七十八人詔有司送還鄉里歲甲寅又以所掠瀕海之民一百九人來歸詔各還鄉又按永樂戊戌倭寇金山衛百户應襲麴祥被虜去久之乃至日本王都王召見之悅留左右更名元貴命為土官蓄有妻子宣德壬子而祥得與貢使之列入朝陳請上以柔遠方隆不欲遽留之遣令往諭夷王於歲乙卯仍遣使詳入朝既達京師復申前情詔許襲職今者被虜之人而為夷奴不若中國之犬彘於中豈無應襲乎設使歸國又何必於襲官假使送歸被虜之民亦不必發寧家縱使從戍終身抑必自甘心矣孰願生[redacted]為夷奴死為夷鬼者耶哀哉狐首尚自知丘被虜生民不亦可憫

征伐

備按中國征伐四夷自古有之然而征伐夷海外之夷倭不嘗有也抑

伐倭者考自吳大帝晉慕容廆元忽必烈而已抑吳伐倭掠其三千人以歸而慕容廆掠其數千人以之捕魚給軍食逮忽必烈乃以范文虎驅十萬衆葬於魚腹之中得還者僅三人焉抑吳晉元勒兵漲海之外得其民安焉用之喪兵足以為恥夫隋之伐高麗惟渡鴨綠一小江仁者以之為究兵又況日本隔一大海島不敢之以情而乃究兵於遠乎惟我　太祖高皇帝聖神文武明著八表書於訓章曰日本限山隔海僻在一隅得其地不足以供給得其民不足以使令故不興兵致伐是以　成祖文皇帝敬承　太祖高皇帝訓則宣文德化導日本其王源道深知夏夷之義圖雪醜好之私凡三獻俘海隅絕警自道義死倭寇復作職貢不修我重文德致使日本國王源義持遣使謝罪朝貢如初倭寇是已　宣廟以來世守舊章以馭夷狄滄海晏然百數十年矣邇來倭寇竊發之初功乃廣博詢采始知賊寇為内訌之隱誘非外夷

之本心故奮狂愚冒奏　聖明奉宣文德夷使來庭期為萬世太平計
豈當事臣助長盜名召兵據險負固年餘縱之全勝而去不義不武不
知文德獨尊也竊惟中國以馭夷狄設或　化則修文德以來之既來
之則安之何乃招殺貢夷棄置報使誤國殃民固如此大抵唐宋之弊
政豈容卒見明良之世乎伏念天理人心寔中華之大道文德忠信固
東海之長城功本賤夫不學軍旅謬以文告外夷來歸皆文德之靈成
忠信之驗一念聖明俊德舞階長風功奉天使寔顯舊章敢不宣泄使
違　大信而責効於戈兵之末乎

日本一鑑窮河話海卷之六終

日本一鑑窮河話海卷之七

奉使宣諭日本國新安郡人鄭舜功纂叙

奉貢

備按日本古稱倭奴自漢光武中元丙辰遣朝貢使人自稱大夫光武賜以印綬永初丁未倭國王帥升等獻生口百六十人願請見是後倭韓俱屬帶功郡魏景初戊午既平公孫氏倭女王卑彌呼遣使大夫難升米利等詣郡求詣天子朝獻太守送詣郡乃以金印紫綬詔封卑彌呼為親魏倭王難升米率善中郎將牛利等率善校尉各假銀印青綬正始庚申太守弓遵遣使奉詔書印綬並齎詔賜金帛錦罽刀鏡采物倭王國使上表荅謝詔恩歲癸亥復遣使大夫伊耆掖邪狗上獻生口方物拜掖邪狗等率善中郎將各假印綬正始丁卯倭女王卑彌呼與狗奴國男王卑彌弓相攻狀聞遣使詔諭之卑彌呼卒宗女壹與嗣

立遣使送使者還上獻男女生口白珠青大 珠異文雜錦晉泰始初
壹與卒復立男王脩其職貢安帝時倭王讃通江左宋永和辛酉讃來
朝詔曰倭讃遠誠宜甄可賜除授元嘉乙丑詔賜讃除授元嘉間讃復
遣使奉貢而讃卒弟珍立遣使來貢表求除正詔除珍安東大將軍珍
卒子濟立元嘉癸未遣使奉獻詔授節如故濟卒子興立大明壬寅遣
使奉獻詔授節如故興卒弟武立昇明戊午表請報讎高句麗其表略
曰封國偏遠作藩於外云云詔許之齊建元甲申武遣使來貢如武鎮
東大將軍梁武帝即位詔進武號征東大將軍隋開皇庚申倭王阿比
多利思孤遣使來貢大業丁卯多利思比孤遣使來貢書略曰日出處
天子致書日沒處天子無恙帝惡之徐遣使文林郎裴世清使其國大
業戊辰多利思比孤與世清來朝賜冠服唐貞觀辛卯倭王遣使來貢
帝矜其遠詔有司無拘歲貢貞觀己亥僧應智藏圓載等附新羅使者

上書永徽癸丑倭王孝德遣使來貢琥珀瑪瑙顯慶戊午倭天豐財遣使來貢顯慶己未倭王天智遣使偕蝦蛦來貢咸亨己巳倭王持統遣使賀平高麗長安辛丑倭王文武遣使粟田來貢國書大唐則天皇帝賜封日本國號開元丙辰日本王遣粟田復入朝請從諸儒授經詔許之開元戊寅遣僧禮臺學佛法天寶中日本王孝明遣使來貢時新羅梗道始由明越入朝大曆丁巳遣使來貢建中庚申日本王白壁遣使來貢貞元末日本王桓武遣使來貢開成己未及會昌間日本王仁明遣使來貢大中戊辰日本王文德遣子朝貢光啟己巳日本王光孝遣使來貢天祐中日本王仁和遣使來貢梁龍德中周廣順中日本王仁和遣使來貢宋雍熙甲申日本王守平遣僧奝然來貢端拱戊午奝然遣弟子嘉因等奉表謝恩進貢方物景德甲辰遣使僧寂照來貢詔號圓通大夫師大中祥符戊申日本人滕本吉附海賈周世昌至皆召見

之以國詩獻及陳所記州名年號賜裴歸遣天聖丙寅明州言日本國大宰府遣人來貢驗無表文却之熙寧壬子弟僧誠尋渡海止於天台國清等願留州以聞詔赴闕獻銀香爐等物帝以遠人而有戒業處之開寶寺併賜僧伴紫方袍元豐戊午明州言得日本國太宰府牒遣通事仲回附海商孫忠貢色叚水銀州以貢物與諸國異請自移牒報答物直付仲回歸從之詔賜僧號慕化懷德大師乾道己丑使附明州綱首來貢胡元至元壬申遣使報聘先是高麗人趙彝言日本可使不報復征之敗績復招來市於慶元即不滿所欲卒焚儀門及天寧寺館而去終元之世使竟不至倭寇邊陲國初洪武初遣使告諭明年辛亥日本王良懷遣僧祖等九人奉表貢馬及方物又送至明州台州被虜男女七十餘口歲壬子又歸所掠濱海男女七十八人洪武甲寅其國遣僧宣聞溪淨業喜春等來朝貢馬及方物時日本持明與良懷爭立宣

「聞溪等齎其國臣之書達中書省而無表文却之又志布志地名島津地名」越後國名守臣民久等亦遣僧道幸等進表貢馬及茶扇刀布以無本國王命而私入貢却之復詔禮部符下民久等齎使遣還先是上賜日本高山報恩禪寺僧靈樞袈裟至是靈樞亦遣其徒靈照謝恩貢馬詔賜遣還夏六月僧宗嶽等七十一人遊方至京師處之天界寺賜布各一疋是月戊午日本以所掠瀕海民一百九人來歸洪武乙卯來貢洪武丙辰日本王良懷遣使沙門歸廷用等奉表貢馬及方物謝罪詔賜其王賜廷用等文綺各有差復詔諭之明州備倭指揮林賢交通樞密使胡惟庸遣使陳德中設計乃以廷用以寇擒其貢船分其賞賜移文中書奏其失謫流林賢於日本夏五月日本人滕八郎以商至獻弓馬刀甲硫黃却之仍賜白金遣歸其附本國高宮僧靈樞貢馬二疋授納之仍遣綺帛令滕八郎歸賜靈樞洪武乙未遣使來貢驗無表文却之洪

武庚申夏五月遣僧慶有來貢驗無表文却之秋八月日本關東征夷
將軍源義滿遣僧明悟法助來貢驗無表文惟奉丞相書却之洪武辛
酉如瑤來貢不恪却之考略云先是姦臣胡惟庸僞使李旺充中書使日本販回林賢致使如瑤詐獻巨燭彼至惟庸
預以不軌事露伏誅倭兵發陝西四川等處守禦林賢典刑仍命禮部移書責其王於是　太祖高皇帝著爲訓章以絶之功謹按此原内姦
之陰誘非倭夷之初心也洪武丙寅遣僧嗣亮上表貢方物却之洪武壬午遣使來
歸永樂癸未日本王源道義遣使圭密等三百餘人奉表貢方物考略
曰日本王源道義遣使百番來貢賜圭密等文綺紬絹衣并錢鈔紵絲
紗羅有差賜其通事冠帶命禮部宴之給與勘合百道十年一貢船二
艘人二百違例寇論仍命遣使同圭密往賜日本國王冠服錦綺紗羅
及龜紐金印永樂甲申遣使梵亮奉表貢馬及方物謝賜冠服印章命
禮部賜王鈔錢幣綵宴賚其使冬十一月遣使永俊等奉表賀冊皇太
子并獻方物命禮部賜王錢鈔綵幣宴賚永俊等永樂乙酉冬十二月

遣使源通賢等奉表貢馬并獻方物并獻所獲倭寇嘗爲邊患者二十餘人上嘉之命禮部宴賚其使遂以冠命使人治以其國之法於鄞手界鄉蕭皋磈築竈令一人執炊一人上甑盡蒸殺之於是賜王九章冕服錢鈔織金文綺紗羅絹物使齎璽書褒諭之夏六月遣使圭密等貢名馬方物謝賜冕服恩賜錢鈔幣帛永樂丁亥遣僧圭密等七十三人來朝貢方物并獻所獲倭寇道金等上嘉之賜敕褒諭曰王忠賢明信恭敬朝廷殄滅兇渠俾海濱之人咸底安靖朕甚嘉之茲特賜王白金一千兩銅錢一萬五千緡錦紵紗羅紬絹四百一十疋衣十二襲帷衾褥品皿若干事并賜妃白金二百五十兩銅錢五千緡紵絲紗羅絹八十四疋用示旌嘉之意永樂戊子遣使圭密等百餘人貢方物并獻所獲倭寇上命以寇屬刑部賜圭密鈔百錠錢十萬緡綵幣表裏僧衣一襲賜其徒從有差圭密等陛辭致其王之言曰請仁孝皇后勸善内訓

二書命禮部各以百本賜之并賜其王綵幣等物圭密等加賜衣鈔冬十二月日本國王世子源義持以父源道義卒遣使告訃命使往祭賜謚恭獻賻絹布各百疋復遣使齎詔封義持嗣日本國王賜錦綺紗羅六十疋仍遣使齎勑諭王義持討賊永樂庚寅日本國王源義持遣使圭密等奉表貢方物謝賜父謚及命襲爵恩皇太子賜圭密等鈔幣有差永樂戊戌遣使日向大隅薩摩三州刺史島津滕存中等奉表謝罪先是捕倭將士擒寇數十人獻京師賊有微葛成二郎五郎者訊之皆日本人羣臣言日本數年不修職貢意為倭寇所沮今賊首乃其國人宜誅之以正罪上曰遠夷威之以刑不若懷之以德姑宥其罪遣使押示其王至是遣使奉表隨來謝罪曰日本蕞爾小邦自臣祖父以來受命朝廷霑被恩德不敢背忘比因倭寇傍午遮遏海道朝貢之使不能上達臣自知有負大恩而境內之人肆為鼠竊皆亡賴逋逃之徒寔非

臣之所知既皆天兵所擒皇上天地之量父母之恩曲赦其罪悉皆遣歸臣之感戴莫盡名言伏望貸臣之罪自今許其朝貢如初不勝虔懇之至上以其詞順特釋其罪命行在禮部宴賚其使遣還宣德丙午遣使來貢人船逾數刀劍過多上命使臣今後貢船毋過三隻使人毋過三百刀劍毋過三千把多皆違禁宣德壬子如數來貢宣德癸丑日本王源義持卒上命出使垂弔宣德乙卯遣使具貢謝恩正統壬戌船九艘來貢朝廷雖[redacted]責其越例亦容以致柔遠之意天順戊申遣使來貢成化甲辰遣使周瑋來貢弘治乙卯遣使壽蓂如數來貢正德乙巳山城刺史右京兆大夫細川高國得請勘合於王遣宋素卿源永春請祀孔子儀禮廷議謂中國聖人不當為夷狄褻瀆不允鄞氏朱澄首稱素卿乃其族姪朱縞昔因其父與夷使交通買賣折本將伊塡去鎮巡奏聞陰賂逆瑾覆具事陽憫專使以遣之正德丁未周防刺史左京兆大

夫大内多多良義興得請勘合於王遣使省佐來貢正德己酉遣使僧桂梧等如數來貢嘉靖癸未多多良義興得請勘合於王遣僧宗設使人謙導等三百餘人船四艘來貢夏四月細川高國遣僧瑞佐宋素卿等一百餘人船一艘亦貢及稱辯勘合謙導等遂於城中掛甲殺宋素卿等夷伴遂焚境清寺館挾指揮袁璡以去而罪犯逃夷曰中林曰望古多羅等及被虜人口漂至朝鮮國王李懌擒送來歸發浙江會問素卿等以正罪其餘得奔活夷上命有司造舟發放還國移咨其王嘉靖己亥遣使石鼎周良來貢嘉靖甲辰夷僧壽光等一百五十人來貢以不及期却之嘉靖乙巳夷屬肥後國得請勘合於夷王宮遣僧御佅來貢以不及期却之嘉靖丙午夷屬豐後國刺史源義鑑得請勘合於夷王宮遣僧梁清等來貢以不及期却之嘉靖丁未遣僧周良（一名策元乃山城國都天龍禪寺之僧）等三船來貢又宋素卿子東瞻船一艘追隨而至官司繩法

姦民撥置捏報護送兵船而混納馬嘉靖丙辰日本西海修理大夫六國刺史豐後土守源義鎮遣僧清授報使先是布衣臣舜功奏奉宣諭日本國行至豐後得彼之情一面着令從事沈孟綱胡福寧齎書往諭日本國王一面曉諭西海修理大夫源義鎮禁止賊寇故遣僧清授附舟報使請奉國典還國一體遵照施行皆當事者不用忠謀助長僨事而乃妄引典例謬請置使清授之於四川茂州治平寺

功謹按大中祥符戊申倭夷滕木吉附商舟至上皆召見之賜裘錢遣歸元豐戊午日本太宰府遣僧仲回入貢抑非日本王之正使也時納明州之言以其貢與諸國異請自移牒報答物直付仲回歸詔賜僧號慕化懷德大師胡元至元壬申日本太宰府遣稱四郎報使宴賚遣還此蓋柔遠懷來之意也永樂乙西使臣源通賢永樂丁亥戊子使僧圭密三度獻俘使皆宴賚之今使清授劾順已亂而當事者助長盜名故不為請宴賚獎勸優勸之一至僨事乃請授荒安置可謂謀臣乎自此以來信使不通流遺深國汎動風生不知何時而已也伏念堂堂天朝以來遠人乞加詳議以彰大信早成長治久安之計矣

丁已源義鎮遣僧德陽來貢

功謹按德陽之來因遣使人招王直故招其來彼來之初而源義鎮以父義鑑於嘉靖丙午自其國都請給勘合一道遣僧清梁入貢以不及期沮回具勘合仍貯豐後義鎮欲僧德陽齋作貢憑王直

告以切齋再圖請給又復告諜僞遣印章鈐表入朝而遣使人謬從之
際仍許照樣請給飾詐徵夷致德陽來船泊舟山馬墓港館於本山道
觀一則以不及期一則以非正使照例沮回未幾招來市夷妙善等船
泊舟山之岑港徐巢其間朝議欲兵方揚師妙善攔乃至道陸觀攀請
德陽入巢德陽自謂貢使若從之是自求夔不允乃以通事吳四郎與
同倭伴告於通判吳成器請易館不聽復以吳四郎等告於參將張四
維四維疑詐恐蹈指揮袁進之轍遂殺吳四郎等四郎者廣東海陽縣
之彩塘人亦宋素卿之流輩也於是德陽慮恐害己遊從妙善之請自
焚貨財延及館宇奔入妙善等巢軍門使人往招之而德陽等辮以單
門輕信不聽久之一同妙善亡去備倭義鎮兩遣使臣蓋有兩觀之意
合容入朝議當於一勞來以勸猶可也何乃馭之而
無兼一至亡去賄怨東夷大夫柔遠懷服之道也

嘉靖戊午日本國屬周防國遣僧龍喜來貢

功謹按龍喜之來亦因遣使以招王直故招
其來彼來之初官兵用事於舟山海上游兵
掩殺之亦復有逃歸國者而乃告語衆夷曰今者中國殺我貢夷爲我
報使不容向化固此如又且流適煽動鼓舞欲望東夷復修職貢得乎
功竊謂欲定荒夷宜修大信以復祖宗之制庶乎邊
鄙乃得長治久安之道矣已往貢使詳於賓典籍

表章

僃按四夷入貢中國必奉表文又倭之奉表始於魏正始庚申自後乃
「知奉表矣惟宋天聖丙寅日本太宰府遣人貢方物非其王命故不知」

且表又詔却之勝國之世彼以蒙古故不入朝是以倭夷百年不知表文也聖朝洪武辛亥始復奉表來貢洪武甲寅來貢無表却之是時日本志布志島津越後守亦遣僧來貢俱無表文又以其私貢人發三邊安插又考略云後來貢表有前來姓氏悉取到京宴賞賜歸永樂以來亦皆奉表入貢也嘉靖丁巳豐後來貢因遣使人招王直故招其至雖奉表文抑知僞印又非王使却之其貢使必奉表文原賜印鈐者

咨文

備按四夷朝貢中國古今具表惟宋元豐戊午日本國之太宰府不奉其王之命越分行禮不知奉表以牒使備貢色段水銀於時明州議以貢物與諸國異請自移牒付本使人以答物直聖朝洪武庚申日本山城國都之城關東征夷將軍源義滿遣使來貢不持表文惟奉丞相書却之抑惟咨文自國家洪武壬戌以來四夷入朝必先具咨布政司乃

與比對勘合査照表文方物事理明白然後遣使驅驛否即却之而不易於天聽也其奉咨來必以給賜印鈐又按中國遣使其國文移其間有可考者自魏正始庚申賜詔正始丁卯晉掾史張致齎詔其國宋淳熙己酉賜詔元豐戊午明州移牒元至元乙丑丁卯戊辰皆賜書己巳中書省移牒冬十二月及至元乙亥皆賜書聖朝初賜詔洪武己酉春二月賜璽書庚戌賜詔甲寅中書省移書仍符下民臣久丙辰庚申皆賜詔辛酉禮部移書仍書下臣源義滿壬午賜詔永樂甲申賜敕仍賜璽書歲丁亥賜敕戊子賜詔仍賜敕歲丁酉賜璽書嘉靖丁亥庚子戊申乙卯歲浙江布政使司移咨日本王夫咨弊端抑有達而不達者其不達也因來使人尚有夾帶人船之私我遣使人若非忠信篤敬之寔雖咨之不易達矣嘉靖丙辰功奉宣諭自以大明國客之名書致其主仰仗仁威致其聽信歸罹娼嫉功志不伸故亂不息也

勘合

備按勘合給與四夷起於洪武壬戌時以外夷入貢真偽難辨乃以禮部立勘合文簿給與暹羅占城琉球等國五十九處凡入貢賷給勘合於各自布政使司比對相同然後發遣覆按洪武壬戌而日本已絶其貢昔詢夷云洪武永樂兩給勘合未詳何年其勘合皆藏日本國王之宮房（宮房者倭之猶言后宮也）正德以來夷中列國請充貢使入朝者必先具錢一千貫價值白金二百鎰納於宮房其餘闕節費萬餘金乃得請給勘合一道奉表咨具方物發艇入朝正德乙巳山城刺史細川高國得請勘合遣使朝請祀孔子儀禮正德丁未周防刺史多多良義興得請勘合遣使入朝嘉靖癸未細川高國多多良義興得各請勘合一道遣使於朝各執稱辯者以洪武永樂兩給也嘉靖乙巳肥後刺史得請勘合遣僧倻俅來貢以未及期照例沮回此勘合仍貯肥後嘉靖丙午豐後

剌史源義鑑請給勘合一道遣僧梁清入貢蓋緣使入招王直故招其來比源義鎮以父義鑑前請勘合尚存其國欲使復齎前請勘合以為貢憑王直告以勿齎再圖請給此勘合仍貯豊後浙江通志寧波府志謬以兩給勘合一貯肥後一貯周防日本圖纂籌海圖編謬以勘合皆在山口陶殿之亂勘合俱焚矣夫此言者蓋昔任事臣壞謀始終甘自欺殊不知我 皇祖宗給與勘合悉貯日本國王之宮房至今無失嘉靖己亥戊申歲而山城國都天龍寺僧周良一名策元先後奉充正副使入朝勘合果在山口山口豈不自專曷以山城之僧奉使乎功得其詳言非好辯但欲澄源端本豈容惑世誣民

貢期

備按日本入貢前代無期自唐貞觀辛卯倭使來朝帝矜其遠詔有司無拘歲貢宋亦無拘多附商舟入朝聖朝混一之初而彼來朝亦無定

期自　成祖文皇帝朝定制十年一貢抑來朝賀謝恩獻俘告訃無拘也嘉靖癸未夷使宗設入朝而宋素卿又復稱貢於時市舶太監賴恩處置失宜致兩來使竟自相讎殺寧紹地方搔動矣嘉靖丁亥禮部題奉欽依仍令十年一貢嘉靖己亥其使入朝後於甲辰乙巳丙午歲毗年來貢以未及期皆却之於歲丁未又使周良來京入貢亦未及期不容入港明年戊申乃是貢期准納其貢嘉靖丁巳豐後遣使僧德陽來貢此係遣使招王直故招其來以非日本王使且未及期不容入港復使來夷驚懼逃去此失柔遠懷服之道也嘉靖戊午周防遣使龍來貢亦係遣使招王直故招其來雖然及期原非正使此因舟山用事游兵掩殺之夷亦有逃去者大失柔遠懷服之道也然我祖宗制定貢期宣昭大信懷來遠人而夷國中必資華物然貢則可以得市而物不可以常給故夷慕貢猶農望歲有不及期來貢者既到中國而我有司以不

及期沮還中國姦民又復告以潛泊海山私通罔我利此亂之所由生也今者私商潛市於彼姦賊發生於中刼掠貨財以歸充斥島宇貧者坐以致富富者坐以買賤朝貢之道愆期航海之禍不息爲令之計必須得人申明大信復定貢期以來遠人非惟日本貨財有資信使姦究之賊不得乘間而作然此內外之民有賴永安之計得其所矣

貢人

備按日本進貢之夷前代毋拘其數永樂初年其來朝貢人三百餘時奉恩例進貢使人止許二百後無逾數宣德丙午使人過多上諭之曰今後使人毋過三百後貢如數再後使人違例正統壬戌使人千餘弘治乙卯使人七百餘正德乙巳使人六百六十八嘉靖癸未兩來貢夷一起人三百餘一起人百餘人嘉靖己亥正副使二十四人從人生手三百五十八人嘉靖戊申使人六百三十七前此違例罪非其王原奉

使夷附人利己已其王不知及使貢回而我有司移咨其王抑未必達
夫未達者其來使人未全識乎中國之大義故咨致有不達矣為撫夷
奠夏之計者必得乎人申明大信不使復為前弊此亦澄源端本之謀
柔遠懷服之道也覆按朝使正德己巳嘉靖戊申例皆正副併僧人居
座土官通事等五十人入朝餘置寧波嘉賓館俟使朝鮮一同津發嘉
靖戊申夷使入朝押官三員寧波副千户周世賢照磨蔣文粹知事李
寔通事周文苑管送往還為今之議凡點押使之官必須廉能方可取
用否則通事伴送人役玩法撥置擾害沿途地方既不得罪於遠夷而
輙坐罪於押官者不亦謬乎古云作事必謀始夫用人者不可不慎必
慎於初焉又考恩例凡外國臣使病故者令所在官司賜棺及祭或欲
歸葬聽從其便此我聖朝恩及四夷浩蕩無涯矣又豈當事之臣殺其
貢夷棄置報使可為中國奠安之道乎良由助長盜名慣事彌縫苟全

一身之計不息十載之兵致侵五省之民奚慰九重之望功昔奏奉天使蓋愛國體以懷遠人念省兵力以惜民命必欲奠安中國者忽視向化之夷不得其所哉

貢物

備按四夷來朝中國無有遠邇畢獻方物日本貢獻考自後漢光武中元丙辰奉珍朝貢漢永初丁未獻生口百六十人魏正始癸巳亦獻生口晉掾史張政使其國還獻男女生口白珠青大勾珠異文雜錦宋永徽癸丑獻琥珀大如斗瑪瑙若五升器開元丙辰使人粟田請從諸儒授經獻大幅巾宋雍熙甲申夷僧奝然獻銅器十餘事幷本國職員年代紀各一卷端拱戊子貢佛經納青木函琥珀青紅白水晶紅黑木槵子念珠各一連幷納螺鈿花形手函毛籠一納螺杯三口葛籠一納法螺二口染皮二十枚金銀蒔繪筥一合納髮鬘二頭又一合納參議正

四位上滕佐理手書一巻進奉物數一巻表狀一巻又會金銀蒔繪硯筥一合納金硯一鹿毛筆松煙墨金銅文瓶鐵刀又金銀蒔繪扇筥一合納繪扇二十枚蝙蝠扇二枚螺鈿梳凾一對共一納赤木梳一百二十共一納龍骨十橛螺鈿書案一螺鈿書几一金銀蒔繪平筥一合納白細布五疋鹿皮籠一納貂裘一領螺鈿鞍轡一副銅鐵鐙紅絲鞦泥障倭畫屏風一雙石硫黃七百斤大中祥符戊申夷人滕木吉以國詩獻又陳所紀州名年號熙寧壬子夷僧誠獻銀爐木槵子白琉璃五香水晶紫檀琥珀所飾念珠及青色織物綾元豐戊午夷國太宰府遣通事僧仲回獻色段二百匹米銀五千兩逮今國家洪武辛亥其來貢馬及方物洪武甲寅使貢馬及方物又其國之志布志島津越後守臣民久等遣使貢馬及茶布刀扇蓋以不誠越分而却之惟僧靈樞貢馬謝恩而去授納馬洪武丙辰貢馬及方物授納之又日本人滕八郎以商

至獻弓馬刀甲硫黄却之惟僧靈樞所附貢馬二疋授納之洪武己未庚申貢馬硫黄刀扇又其國都之關東征夷將軍源義滿遣使貢方物蓋不以不識越分而却之洪武辛酉貢方物（考畧云獻臣竊内藏兵器）以不恪却之遂絶其貢洪武丙辰貢方物却之洪武壬午來貢方物永樂癸未其來貢馬及鎧冑佩刀瑪瑙水晶硫黄諸物時禮部尚書李至剛言日本國遣使入貢已至寧波府凡番使入中國不得私載兵器刀槊之類鬻於民具有禁令宜命有司會檢番船中有兵器刀槊之類籍封送京師上曰外夷向慕中國來修朝貢危蹈海波跋涉萬里道途既遠貲費亦多其各有齎以助路費亦人情也豈當以一切拘之禁令至剛復奏刀槊之類在民間不許私有則亦無所鬻惟當籍封送官上曰無所鬻則官為準中國之直市之毋拘法禁以失朝廷寬大之意且阻遠人歸慕之心又按考略永樂乙酉限定貢例毋許夾帶鎗刀宣德丙午刀鎩過多

「上諭使臣今後刀劍無過三千把多皆違禁成化乙巳禮部尚書周洪」
謨奏日本王貢刀三千六百一十把各夷附搭貢刀三萬五千餘把比
之宣德年間進刀三千餘把不啻十倍舊例貢夷自附貢刀每一把酬
價銅錢一千八百文共該銅錢七千萬有餘洪謨言若不裁抑以後益
增定以每刀一把止酬銅錢六百文比舊價只該三分之一通減去銅
錢四千四百四十萬文該銀五萬九千二百兩夷人次日進本要照日
例不與覆本又題准限以日後日本來貢止照宣德年間定例刀不過
三千把豈料各夷作弊每刀一把斂金五分共斂金一千九百餘兩送
日本正副使等四人約以得照舊例得錢却用此金謝正副使其後因
不得照舊例各夷皆取金回至將辭朝之日方知此弊以後遵照舊例
止許貢刀三千把永為定例此一次省府庫銀五萬九千二百兩備考
貢船初着船時不拘貢刀及各私帶刀仗官司查盤則必貯之東庫嘉

靖癸未兩起貢夷自相讐殺之秋其持刀仗皆出殯室之中蓋懷私市故先暗藏其鬭及至讎殺藉此以為兇具矣嘉靖戊申都御史朱紈奏稱貢船進港閣岸館處之秋其貢刀劍及帶兵器官與查盤悉貯紹興府庫後以為例嘉靖戊午貢夷德陽亡去之秋軍門永差吳孝至憲獄謂王直曰倭僧德陽逃入岑港去了軍門直言曰祖宗舊制貢夷刀仗必先卸貯於庫我在舟山時嘗見貢夷佩刀出入城市故有此變云按其實貢物例該使人營辦進貢國制貢物底以適用不貴異物賤用物也而日本貢奉皆是用物中國頗多物議輕微夷涉漲海蓋自危身以貴德豈論物之輕重乎今奉貢物并詳著之

馬　盔　鎧

劍　腰刀　鎗

塗金粧彩屏風　灑金廚子　灑金文臺

洒金手箱　描金粉匣　描金筆匣
抹金提銅銚　洒金木銚角盥　貼金扇
瑪瑙　水晶數珠　硫黃
蘇木（此非土產海市西南夷國者）　牛皮

貢船

備按日本貢船前代無紀自永樂初始奉欽定貢船二艘宣德丙午貢船踰數上諭使人今後貢船無過三艘永以為例又按正統壬戌貢船九艘嘉靖癸未兩起貢夷共船五艘嘉靖戊申貢船四艘按其違例國王不知皆是貢夷私帶圖利嘉靖庚戌貢船三艘行盡彼域別有一艘追隨而至於時貢使受賄通事作弊揑作護送兵船有司審失其弊故容之按貢船初至太宰府則必掛號然後入朝還國亦然向罷奸宄之誤也為今之議必欲申明大信以謹後來以革前弊以清內外者須得

乎人焉矣又考彼中列國得請奉使者乃繕貢船附貨互市則必抽分凖備貢儀貢船盤費人工及請勘合納錢關節之用而不啻於萬計也

貢道

備按日本海道後漢初知時會稽東冶之人航海遭風漂流至澶州者所在絕遠不可往來魏晉隋唐亦各遣使取道於韓魏隋方陳雖紀未詳又況世遠島名有易亦不可得而詳矣勝國之世雖屢遣使惟至夷中西海道聖朝遣使自洪武永樂宣德間凡十餘度惟僧祖闡太監王進略紀去程又按夷初入朝由新羅百濟樂浪朝鮮循渡鴨綠江而入朝焉一由彼中西海道肥前國西之松本次壹岐島次對馬島至朝鮮之對戶（戶一云門戍即金州戶海口為古樂浪之地）一各四百八十里次循渡鴨綠遵道遼陽而入朝焉唐天寶中新羅梗道始自明越入朝此由西海道大隅國西之棒津次天堂島放洋入朝故肥前大隅二國之間其為古今入唐道

又天堂島名天堂官渡蓋謂入朝之義光啟己已其東海嶼有邪古波邪多尼三小王兆距新羅西北百濟西南越州有絲絮怪云而對馬島平户島　五島硫黄島屋久島為其極西之域近緣中國之邊廣輿圖云六朝及今乃從南道浮海率自温寧以入又按宋端拱間夷僧奝然謝表云季夏解台州之纜孟秋達本國之郊此由台入準主山也今則寧波入朝準韭山馬入温州則準南几山矣功前奉使日本時浙直福海皆有賊故取道廣初自潮門馬耳澳放洋用艮寅縫鍼略遵給事中陳侃出使琉球水程一自閩海烏丘山放洋值西南風用艮寅縫鍼東南風甲卯縫鍼西北風正丑鍼西風正艮鍼取有馬島島屬肥前國此蓋遵彼上海也聖朝遣使多自浙海韭山放洋用單卯鍼取其屋久島寄音櫂圖邁世人指之曰野顧山又目之曰白雲島凡五六日一至烏沙門放洋用寅甲縫鍼若陳錢山放洋用艮寅縫鍼皆準屋久等島矣若或屋久

遵其右海收取椿泊壓奴島次大門島至堺江入山城國都若或屋久徑遵上海之道又山城國都用艮寅縫鍼四更取大島即乞島人目之曰亞甫山（倭音押付腮）本島之西六十里有礁四五人曰馬蹄取道馬蹄之上用艮寅縫鍼約至十更取敦理宮島（倭音押兹利密耀如不見山）次用正艮鍼二更艮寅縫鍼五更取江輪野（倭音耶歪懦）一名江門野岳觀（倭音耶大懦阿佳密）次用正子鍼一更正癸鍼二更取野島一曰野島磯關野島之南有暗礁取道島上次用正丑鍼一更正子鍼四更取淡路島一名大門山取道其上次用正丑鍼三更至兵庫港更易小舟入山城國都若或韭山放洋取道大隅之棒津初用乙卯縫鍼一二日次正卯鍼二三日到本津頭若自本津取海右道之入山城國都次山河（即山川津）次有泊（即大泊門）次血野湊（即千湊）次戶浦次耳次細島次垢水（即赤水）次東海（即遠海）次竹島次釜江次渡柏島次駒妻（即小豆）次清水（即志水）次津龍次舟崎次浦戶次東津留

即大津留一名戶路次江浦即上浦次椿泊次渡來島次堺江易小舟次大阪次守
口次八幡次下鳥羽即下戶字牛車轎馬至山城國都或自下鳥羽更易最
小舟次上鳥羽即上戶宇牛車轎馬次塔寺次山城國都次門浦次伊筑次
今日泊即京泊津次阿久根次渡天草即雨來次渡戶坂浦即江坂浦一名單瓦次渡河
島次渡瀨戶次渡平戶島次渡博多津次足屋次渡赤坎關次掛坐次
上關路次渡宮島次度釜雁次渡竹源次戶摩即反地次渡志波久島即連
島次渡牛窓次室次兵庫港易小舟次杉田次山崎次下鳥羽更易最
小舟次上鳥羽乘牛車轎馬次塔寺次山城國都一自棒津取道陸路
馬行月餘至山城初棒津次伊筑即伊地久次伊力即井利市次阿久根次根島
次關之次八代次高足即鷹瀨次瀨高次宰府即太宰府次博多津次滿即狩次國
羅即小倉次足屋次渡赤坎關即阿伽摩關一名阿閒間關次府國次淺即朝佐次山口
次小畑即小波田次廿日市次聲部即壁次山原即出肚次吉田次橫田次高山

次戶九即三原次道尾次成輪次河歌即笠岡次品川次和氣即分氣次燒山次酌子次五著次御未即右木次明石浦次兵庫港即日護次西宮次小屋次善川次山崎次渡次上鳥羽次塔寺次山城國都此計大畧詳具桴海圖經

風汎

備按日本來朝中國必乘風汎乃可入覲抑夷島居東北論風汎有大小大汎者清明以後端午以前風有旬日之久若端午後不利其來也小汎者中秋以後中月望前踰期則不得而遵貢道乃漂流入閩廣矣曩昔鄞人每於日本朝貢之期至清明之後端午之前則曰日本進貢風光只今東南則曰倭賊風候也其歸本國必西南風端午以後中秋以前十月望後仲冬望前可行也否則不利於行爾鄞館貢夷之秋至端午後則人語曰送使風只今東南則兵語曰助陣風何也夫賊之來

則乘風至而我兵船則難通風故賊得而登犯者矣賊乘風去而我兵船亦須乘風追擊之賊舟中擊則溺賊奴則浮取其首級謂得寔利竊謂實利不在殺賊蓋在已賊必欲至已賊須則來賓來賓有嘗海隅絶警何必防風備汎而自擾之乎抑海風能黑人耶

水火

備桵澹水海航所貴蓋海水鹹不可以為飲食也如以海水為飲食嘔泄不堪苟烹臟味則棄其汁臟味可用是故使者必預蓄澹水抑倭使人每備澹水四百觔（倭秤一斤二十五兩斤水八椀）惟飲食不沐浴否則行洋不易登山覓取期到彼岸必有餘可也盛水之具不論陶器木器必須注水久遠者乃可用之或以新器注水冬月苟可若值炎天不二三日水臭不堪如置之久水性作過則亦可用如乏澹水或不遇山則必煮海若燒酒法取氣水而用之味不為美抑海水殺疥蟲去臓腑麁肌膚使船行

洋必帶火刀火石以擊火或預鍋煤或預草紙而引之又用乾竹取火之法以竹二片一中斷濠一急鋸之伺其火發用煤引也用乾硬之木以為鑽用繩急牽鑽杉木火發煤引惟桑鑽桑取火易得

使館

備按國制日本來貢初館使於寧波市舶司勝國之世招其來市館於慶元（即今寧波）天寧寺馭之無策寺罹燔炳嘉靖癸未兩起貢使俱至寧波事屬違例於時市舶太監賴恩以兩貢使一館之於市舶司一館之境清寺館雖兩處待有偏頗二使為讎寺惟燔炳嘉靖丁巳使館舟山道隆觀此招王直故招其來馭之無策觀罹燔炳此固人謀不臧也豈惟倭夷無知耶嘉靖癸未二起貢夷讎殺之後迄守己亥其修貢有司議館之遂以境清閑基起造嘉賓之館向來以處來使也及入朝則處之於四夷館即今會同館謂倭蠻驛也天使日本初入其境若登岸多館

僧寺若陸馳行則舍驛傳至其國都向舍鴻臚館因其國僧曩昔授華僧教故其累代使僧入朝唐宋以來授覲文學是以天使東華臨而夷僧衆多白其王請處僧寺蓋其衆僧但欲得親文教矣及通其言各有通事彼西海道太宰府自古迄今有大唐通事之官及設大唐通事人役桉宋元豐戊午其太宰府遣通事僧仲回入朝夫此通事皆會倭書識漢音知唐字而能翻譯也入使出使以之通事抑亦不誣鄭有通事粗知倭音不識譯字但知罔利弗諳大義故昔以致利害也又考洪武永樂以來設立御前答應大通事者有都督都指揮等官統屬一十八處小通事以通四夷之情成化己丑奏定小通事六十員名於内日本通事四員名以通夷情抑此通事粗通倭音不精譯字故不盡識其說也抑且使僧入朝多識華文欲通其事疑有未盡者又當命使以筆代言言合於義則當俯從之言不及義尤宜啟勸之夫如是然則慕華向

化之夷亦得被以文教而不致於通事之誣也奉天使人誕敷文德帶去通事抑惟備數而不通其理敬之說惟天使人以筆談之庶幾無誤又考待使廩粮下程宴勞之典自宋永和庚申倭奴國王來朝有宴勞之典唐長安辛丑遣使粟田來貢宴之麟德殿宋雍熙甲申遣僧奝然求詣五臺詔許之今所過續食胡元至元壬申日本太宰府遣彌二郎等二十六人來報使皆有宴勞聖朝洪武己酉詔定藩王朝貢禮使臣初至龍江驛則宴之應天府同知侍其使臣座設廳之西北東向府同知座設廳之東南西向至會同館禮部侍郎奉旨侍宴於館中儀如龍江驛夷使朝見必先習儀鴻臚寺朝畢奉旨賜宴於館擇日皇太子賜宴次中書省宴於左司都督府御史臺即今都察院事領廣東道皆宴之於經歷司使臣陛辭禮部官率應天府官送之龍江驛設宴如初永樂丙戌命浙江福建廣東市舶提舉司凡外國朝貢使臣往來皆賜宴勞宣德間使

臣通州湯飯令行在光祿寺送至濟寧州回至浙江布政司並寧波府茶飯管待向來使臣入朝筵宴二次禮部管待中官亦預回至寧波府管待一次在京遇正旦冬至聖節吉慶及朔望朝見辭酒飯皆有常例其正副使僧居士官通事使從廩粮亦皆有例留處嘉賓館者首尾奉支於鄞縣夫入朝者沿途往還給支廩粮之外每人肉半觔酒半瓶若在中途無故停止一日之上者廩粮住支若至會同館該光祿寺支送常例下程每人日肉半斤酒半瓶米一升蔬菜廚料若奉欽賜下程五日一送每十人羊鵝鷄各一隻酒二十六瓶米五斗麪十二觔八兩果子一斗燒餅二十箇糖餅二十個蔬菜廚料外住支常例下程若奉旨優待則又不在前例也天使日本各驛供奉如至列國及其都筵名潔洲精進者此其至敬之禮有歌舞管絃之樂且奉天使禮遇存誠

市舶

備按浙江寧波府向有市舶提舉司非通四夷商市蓋謂日本貢夷而設也備考始設於永樂之初四夷來朝上許順帶土産互市而恐奸民欺騙有失遠人向化之心遵照國初事例於浙江福建廣東各設市舶提舉司以隷各布政使司隨設正副提舉吏目之官部領行人專主貢夷交易又有太監提舉市舶司事嘉靖初日本一國有兩貢使至寧波提舉司太監賴恩處使偏頗兩貢使自相讎殺寧紹地方一時搔動按市舶司太監提舉不知起於何年而罷於嘉靖初年也又按市舶行人但知覓利不識國體故弘治乙卯此等行人乃與鄞之朱漆匠賒得夷人湯四五郎漆器價錢入手花費竟無貨償貢船歸國之秋不得漆器將告於官行人慮責與之催逼而朱漆匠計出無奈以子朱縞填去後更姓名宋素卿於正德辛未奉使入朝其叔朱澄首鳴其事比賂逆瑾得以放去復生癸未之禍此皆行人所致也嘉靖乙亥寧波之民應姓

者干犯撥置之罪嘉靖戊申貢夷方至之秋值許二許四倡亂之際官
司處使嘉賓館而寧波人尤有擲書撥置者都御史朱紈奏議略曰臣
體得地方積弊常年入貢夷人隨帶貨物有等姦民指以交易為由誆
騙推延往往貢畢京回守候物價累年不得歸國官司苟且避事佯為
不知其寔不能禁遏奸人因此肆志夷人無處申鳴内傷國體外起侮
心非一朝一夕之故乃於貢船閣岸之初貨物報官給領巡海道司信
票許其明白互市以慰遠人之望以絶奸人私通誆騙之弊無票者以
通番論罪隨諭貢夷若有買賣交易許爾明白報官給領信票填寫合
同照出照入官免抽税以此示諭使勿聽人哄弄俱各感激一遵約束
其朝貢者並無往年沿途驚擾存留夷伴安心在舘並無往年出外交
通此類賴都御史朱紈處置有略是以使夷感恩矣又按大明會典著
官收買貢夷附來貨物俱給價不堪者令自貿易又令夷人朝貢到京

會同館開市五日各鋪行人等人館兩平交易染作布絹等項立限交還如賒賣及故意拖延騙勒夷人不得起程并私交易者問罪仍於館前枷號一個月若各夷人潛入人家交易者私貨入官未給賞者量為遞減通行守邊官員不許將曾經違犯夷人起送赴京又令在京在外軍民人等與朝貢夷人私通往來投托照顧撥置害人因而透漏事情者俱問發邊衛充軍軍職有犯調邊衛帶俸差操通事併伴送人等係軍職者照軍職例文職有職者革職為民又令甘肅西寧等處遇有番夷到來本都司委官關防提督聽與軍民人等兩平交易若勢豪之家主使弟男子姪家人頭目人等將夷人好馬奇貨包收逼令減價以賤易貴及將粗重貨物并瘦損頭畜拘收取覓用錢方許買賣者聽使之人問發附近衛分充軍干礙勢豪及委官知而不舉通同分利者參問「治罪又令迤北小王子等差使臣人等赴京朝貢官員軍民人等交易」

只許光素紵絲絹布衣服等件不許將一應兵器并違禁銅鐵等物有違犯者處以極刑又令官員軍民人等私將應禁軍器賣與夷人圖利者比依將軍器出境因而走泄事情者律各斬為首者仍梟首示衆焰硝

祕書然法當此功覆按得弘治乙卯鄞縣朱漆匠以子朱縞準抑夷人乃更姓名宋素卿故於正德辛未擬置山城剌史細川高國幸請勘合於日本王得以奉使入朝既不能自陳情及致其叔朱澄首出仍賂逆瑾得以縱去復生癸未之亂事於大法未見定律以戒後來功又訪得有等奸民伺貢夷至則托通事行人領貲本往景德鎮定陶磁器底書日本年號要其大利者前此俱干天憲也抑茲疲弊尚艱內治徒貢外夷可不自慎於將來乎按今貢夷在京在市其谷行貨必先報單而後入館交易此法得矣大抵在京在外安待夷使必須提督提舉得人然則館伴畏法行人不能與之私通閑人不得與之交接雖有夾帶違禁之姦賒騙告擾之弊亦然化而潛消也如此肅清夷使戴德國體愈加尊重矣

賞賜

僃按日本朝貢賞賜其王與奉使夷有可考者自宋永和庚申倭奴國王來朝有賜與之制隋大業戊辰倭王來朝賜錦綫冠服唐開元丙辰

使粟田來朝賞賜書物以歸宋雍熙甲申使僧奝然來朝賜紫衣及鄭氏孝經注一卷記室參軍任希古撰越王新義第五十一卷皆金縷紅羅縹水晶爲軸奝然又請賜大藏經一部景德丁未賜僧寂照紫方袍大中祥符戊申夷人滕木吉朝見賜裝錢遣還熙寧壬子賜僧誠并僧伴紫方袍聖朝洪武辛亥賜使僧祖等文綺帛及僧衣賜王良懷大統歷及文綺紗羅洪武甲寅賜使宣聞溪等文綺紗羅各二疋外從官錢帛有差賜志布志島津越後守臣民久等使僧道幸等文綺紗羅各一疋通事從人以下錢帛有差賜僧靈樞徒靈照錢一萬文綺帛各一疋僧衣一襲賜方僧宗嶽等七十一人布各一疋洪武丙戌賜謝罪使圭廷用等文錦有差賜夷人滕八郎白金附賜僧靈樞綺帛洪武己巳賜太學日本生滕佑壽衣鈔靴韈永樂癸未賜使圭密等文綺紬絹錢鈔紵絲紗羅有差賜其通事冠帶賜王源道義冠服錦綺紗羅等物永樂

甲申使梵亮來謝恩賜王錢鈔幣綵宴賚其使人十二月遣使永俊等
奏表賀冊立皇太子賜王錢鈔綵帛宴賚其使永樂乙酉遣使源道通
賢獻所獲寇嘗為邊患者賜王九章冕服鈔五千錠錢一千百緡織金
文綺紗羅絹三百八十七疋宴賚其使永樂丙戌遣使圭密謝恩賜王
錢鈔綵幣宴賚其使永樂丁亥遣使圭密獻所獲倭寇道金等賜王白
金一千兩錢一萬五千緡紵絲紗羅絹四百一十疋衣十二襲帷帳衾
褥器皿若干事并賜王妃白金二百五十兩錢五千緡錦紵紗羅絹八
十四疋宴賚其使永樂戊子遣使圭密等獻所獲海寇賜王綵幣等物
賜使鈔百錠錢十萬綵幣五表裏僧衣一襲賜其僧從有差冬十二月
日本王世子源義持以父源道義卒遣使告訃賜謚恭獻賻絹布各五
百疋封義持嗣日本王賜錦綺紗羅六十疋永樂庚寅使圭密等來謝
恩皇太子賜圭密等各有差永樂辛卯禮部尚書呂　上蠻夷來貢

朝賞例請照品級以賞之上曰朝廷馭四夷當懷之以恩今後朝貢悉依品級雖加厚不為過也永樂戊戌其王源義持使向大隅薩摩三州刺史島津滕存中等謝恩宴賚其使宣德乙卯使來謝罪賜王紵絲二十表裏紗羅八疋錦二疋銀二百兩妃銀一百兩後以為例及賞正副使幷僧人居座土官通事初到賞衣靴帽正賞紗羅紵絲絹布銅錢諸物有差備考賞賜如斯而已曩者議論厚賞未然竊謂日本乃東海最大之夷中國外藩之地我皇祖宗朝貢之國十年一度漲海來庭賞賜其王與妃銀共止三百兩表裏紗羅錦綺共止五十一疋及來使人賞則有常且永樂時其三獻淳賞賚不至萬鎰能致百數十年之太平若今用兵竭民膏血傷民物命幾廿年而不已者蓋昔人謀之不臧甚不臧也啗賊自以為奇謀資舟自以為祕計助器自以不厭詐侵漁自以可通神國法軍聲因而不振國家元氣隱被消磨欺罔壅蔽於朝廷取

怨貽笑於夷狄者不若忠信奉宣文德容使來庭蓋賞有常數矣究心經世士君子欲予日本之來庭而為尋常賞賜歟欲視倭夷之來寇靡費濫冒不已歟

印章

満按中國給賜日本國王印章有三種焉其一漢光武中元丙辰其二魏景初戊午其三皇明永樂癸未此二給者皆金章也前三金章倶藏日本國王之宮房宮房者猶言倭之後宮也夷國書云本朝三種神器正謂此也而日本圖纂籌海圖編日本國印久為山口所得及損一角今印不知所在之說夫此語者蓋昔使人之用詐謀以圖王直直畏國法恐使得達日本國都咨以大義則必檻己以歸故用作誣在圖自利乃誘豊後僞造印章鈐表來貢此効役者果知國體之尊歟果顧朝廷之信歟比知印僞不納其貢使之抱赧懷慚矣何復欺罔觀聽耶覆按嘉靖戊申都

御史朱紈於日本入貢之秋奏稱日本使奉表咨勘合俱各硃墨相同又況日本自古迄今其惟源氏世王其國且無大變何謂金印不在山城之在山口者蓋昔任人既非綏遠之才終負深臨之役由是開邊之釁輒復欺罔觀聽一至板行而取惑於時政也功知不語罪何所逃又按景和戊午其來使臣曰難升米曰牛利各賜之銀印正始癸亥其來使臣曰伊耆曰掖耶狗亦各賜銀印今其都臣石上即石野守者尚存有焉又其南海土佐國有圓圖書未審篆文不知其所出也其通國中重一押字惟前賜印以為寶而無自作符章也

授節

備按四夷入朝往則授節以送之去則慕義以懷之夫日本國自漢光武中元以迄於今或授以官或爵以王或封其山或賜其謚蓋以向化意誠故報禮厚至如此按宋元豐戊午日本太宰府遣僧仲回貢色綾

水貢銀抑非日本國王之正使於時以有司以其貢物與諸國異請自
移牒報答其來仍賜僧號以為慕化懷德大師今聖明時豈期奸民勾
倭入寇功奉宣諭而日本西修海道大夫六國刺史豐後土守源義鎮
遣僧清授附舟報使請奉國典還國一體遵照施行宜表先知向化之
心以為後患潛消之計豈當事者不用忠謀助長僨事而乃妄引典例
謬請置使於四川故沮東夷之心以遂中國流通之慾乃釀邊鄙無究
之患功奉天使忍敢不言欲定日本之荒夷宜彰天朝之大信哀矜報
使以定太平故桉書編並授詳節　漢光武中元丙辰倭使來朝自稱
大夫賜以印綬永初丁未以來倭韓俱屬帶方郡魏景初戊午倭女王
卑彌呼遣使大夫難升米曰牛利等來朝賜金印紫綬封為親魏倭王
難升米率善中郎將牛利率善校尉各假銀印青綬正始癸亥其使大
夫曰伊耆曰掖耶狗等率善中郎將各假印綬宋永和辛酉倭王讚來

朝詔曰倭讃遠誠宜甄可賜除授元嘉間倭王珍遣使來朝自稱持節
都督倭百濟新羅任那秦韓慕韓六國諸軍事安東大将軍倭國王表
求除正詔可除安東将軍又求除正倭隋等二十三人平西征虜冠軍
輔國将軍等號詔並聽之元嘉癸未倭王濟遣使來朝詔授節如故元
嘉辛卯倭王濟遣使來朝詔授節如故並除隋等二十三人職大明壬
寅倭王興遣使來朝詔授節如故昇明戊午倭王武遣使來朝自稱使
持節都督倭濟新羅任那嘉羅秦韓慕韓之國諸軍事安東大将軍上
表假授以勸忠節詔除武使持節倭新羅任那加羅秦韓慕韓七國諸
軍事鎮東将軍倭國王齊建元甲申倭王武遣使來朝加武鎮東大将
軍梁武帝即位進武征東大将軍隋大業戊辰倭王阿每多利思比孤
來朝詔賜冠服唐咸亨己巳倭王持統遣使來賀平高麗後更倭號曰
日本日本記云大唐則天皇帝賜封日本國號此則授節送之之意也

長安辛丑倭王又遣使粟田來朝自稱朝臣真人宴之麟德殿授司膳卿而還開元丙辰復遣使粟田來朝請從諸儒授經從之副使仲回慕華不肯去易姓名曰朝衡歷左輔闕久及還天寶中其王孝明復遣使朝衡入朝上元中擢左散騎常侍安南都護貞元末其王恒武遣使朝其學子橘逸勢浮屠空海願留肄業詔從之宋景德甲辰其使僧寂照來朝詔號圓通大師元豐戊午其國太宰府遣僧仲回來朝賜號慕化懷德大師聖朝洪武己巳日本生滕佑壽入國學讀書歲辛未以為觀察使永樂癸未日本國王源道義遣使來朝賜金冠服及冕紐金印賜通事冠帶永樂乙酉其王源道義遣使來朝併獻犯邊之賊賜王九章冕服永樂丙戌其王源道義遣使來朝併獻犯邊之賊賜璽書褒諭其王詔封其國之山曰壽安鎮國之山上親製詩文勒石其上永樂丁亥其王源道義遣使來朝并獻犯邊之賊賜敕褒諭之永樂戊子日本

國王世子源義持以父源道義卒遣使告訃詔諭祭賻賜謚恭獻封義持嗣日本國王宣德癸丑源義持卒俱奉恩典

日本一鑑窮河話海卷之七終

日本一鑑窮河話海卷之八

奉使宣諭日本國新安郡人鄭舜功纂敘

評議

備按馭夷一事立言最難如言不中則釀夷狄之玩侮若言格正可啟夷狄之畏懷啟畏懷始可以慰朝廷之宵旰釀玩侮曷能以慰廊廟之憂勤此立言者固不可以不謹而乃苟惑於時政竊取一時之富貴故使百靈膠鋒譎以為千古罪魁歟念功一誠効役萬死餘生三至京師孤忠自許伏覩闕下之法令則曰說謊者斬又覩兵部之門示則曰一應人等但有禦侮平倭長策者俱許具開揭帖不時赴部以備採擇此官情國法如斯而已夫北虜事非功可知而南倭情使臣頗識兵部之謂長策者而功竊為要領也朝廷之禁說謊者而功自許盡忠也念昔効忠痛罹媢嫉彌縫歲久雖得要領忠不能攄亂不得已故憂世者有

懸斷邈度之差故賊寇也有東滅西生之患患今不息良由中國流通之隱誘差昔設施致使東夷職貢之愆期必欲貢須彰天朝之大信欲亂必定須鑒草澤之孤忠庶使東夷得効順之名此顯聖王之化彰大信庶使外患就潛消之計此顯仁者之功 功 雖寡學無知自委必期盡己敬以祖宗垂訓古今格言一各附言於下固雖不成章句蓋有明徵定保夫馭東夷莫安中國而 功 自謂畫一之說也草莽僭議萬罪何辭仰惟皇上勿究媢嫉匪人既往之欺庶不復亂孤忠經國之大謨如蒙明良察 功 之言行 功 之議如夷狄不誠服東南不太平者甘受誤國之誅矣

布衣吳萊疏略曰海東之地為國無慮百數北起拘邪韓南至耶馬臺而止又有夷洲紵嶼人莫非倭種度皆與會稽臨海相望遡漢魏之際已通中國其人弱而易制慕容嵬掠其男女數千捕魚以給軍食其後

種類繁殷頗知用兵唐攻百濟扶餘借其兵敗於白江口乃遂巡斂甲而退今之倭奴非昔之倭奴也昔雖至弱猶敢拒中國之兵況今之恃險且十此者乎向自慶元航海以來艨艟數十戈矛劍戟莫不畢銛鋒淬鍔天下無利鐵出其重貲公然貿易即不滿燔炳城郭抄掠民居海道之兵猝無以應追至大洋且戰且却戲風鼓濤洶湧前後失於指顧相去不啻數十百里遂無奈何喪士氣虧國體莫大於此然取其地不能益國掠其人不可以強兵徒以中國之大而使見侮於小夷則四方何所觀仰哉唐太宗擒頡利而靺鞨來朝太宗遠來突厥旣服矣今倭奴不及突厥遠甚者其屬之如靺鞨者之多　臣恐其有効尤於後也以臣度之倭奴之國去高麗耽羅不遠今戍高麗耽羅者當不下數百萬戍慶元海道者當亦不下數百萬比歲水教以作事卒之氣大船數百艚海上下然迄未能以兵服之者絕地絕大海險故之以間往征之三

軍之士感激鳴咽誓不再見父子妻孥颶風連晝夜大魚跋扈鷲觴蒿拖勁弩不暇發嚙舌相親不幸而有覆艦之虞衣衿結連溺死枕藉幸而一存拔刀斫舷手指可掬雖親戚不相救援生死而未能保何暇較勝負哉昔者隋伐高麗高麗終拒守不下所守恃者鴨綠一小江耳今倭奴之強固不如高麗而大海之險甚於鴨綠水者奚啻幾十倍其人率多輕悍其兵又銛利性習於水若鳧雁然又以能攻擊為事而吾海道之兵擐甲而重戍無日不東面望洋而嗟使其恃強不服雖盡得而勦之摧朽拉腐也而彼乃肆然未皆一懼非恃險也何敢若是吳嘗浮海伐夷洲矣獲其人三千而兵不助強隋嘗浮海伐留仇矣拔其城數十而國不加益何也人非同我嗜慾弗能生也地非接我疆土弗能有也為今之計果出兵以擊小小之倭奴猶無益也古之聖王務修其國「不敢勤兵於遠當其不服則有告命之詞而已今又往往遣使奉朝貢」

飛舶浮海以與外夷互市是有利於遠物也遠人何能格哉魏文帝謂
辛毗曰昨張掖獻徑寸大珠今欲求之曷若辛毗對曰聖王惟德之務
四夷畢獻方物求而得之不足貴也今不若罷我互市從彼貿易中國
免徼利之名外夷得効順之實莫便於此彼倭奴者心嗜利甚我苟不
以利徼之雖不煩兵猶服也何以知其然也漢建安中鮮卑軻比能稍
寇邊東三郡其後來朝則詰之曰我雖夷狄亦人也禽獸猶知擇美水
草以居況我人乎前者守臣數徼以利使吾不得畜牧吾故叛去今反
其法吾故來又況倭奴之人稍知文字豈反不及軻比能耶而獨不能
効順者此臣日夜所扼腕切齒為朝廷惜也臣年長矣每思傅介子班
超之所為慨然嘆息使天子不奮於絕域未免為田里之匠夫功或不
成於漢朝至老亦無聞於後世臣自揆不能如二子之智而有二子之
功罪不容於殂幸而朝廷假臣一命奉其告辭得往喻之亦一奇也議

者必曰向曾數奉使猶不得要須近自對馬絶景等島渡大海逕趨太宰府高麗馳羅沮撓百出留使臣不使遽見中夜守護排垣破户喧呶器號兵燧交舉後雖僅得其使介來庭終至渝平而不服意者一泛使之遣未足以服之乎自臣觀之今則高麗馳羅已服所未服者倭奴而已然亦不勝其懼矣故今不遣使不可與向遣使論也云云功謹按已上之言恰如舟山之役役人未必見此如見之鳥得覆溺前轍哉夫勝國時雖有前此之言惜乎其不能用如用之而倭亦可化導矣此蓋以理而論也功昔之奉宣諭而倭華誑曰昔者中國蒙古閏位故不入朝今者中國是真帝王國復修貢此固尊中國之誠也蓋知文字之驗爾若遣泛使則先自利惡得要領濟時耶夫成祖時倭王道義而能道義今聖明時倭王知仁豈不知仁者乎功竊謂倭奴可比內肆欺罔者尚未可化焉敢媢嫉苟饗祿位以貽子孫作東南癇症癇疾致使邊咀肝膽塗地不已者向臣不得壽盡忠志之故也可憤皇明祖訓曰四方諸夷皆限山隔海僻一隅得其地不足以供給得其民不足以使令若其不自揣量來擾我邊則彼為不祥彼既不為中國患而我興兵輕伐者亦不祥也吾後恐世子孫倚中國富強貪一時戰功無故興師致

「傷民命切記不可但胡戎與我西北邊境互相密邇累世爭戰必選將練兵時謹備之」功謹按聖祖之言而大學士丘文莊公濬著於大學衍義補則曰萬世聖子神孫即當佩服以為家訓者也故謹錄而備書之以為萬世統馭華夷之則

大明會典曰日本國雖實朝詐暗通姦臣胡惟庸謀為不軌故絕之功謹按聖祖之言以格內姦以絕外禍生亦莫不由內奸之所致猶如是然必治內而後治外也茲功敢以明良告

吏部侍郎楊守陳之書略曰倭奴狙詐貪狠自唐以至於近代嘗為中國癬疥矣國初洪武間常來貢而不恪朝廷既正其罪後不與通著之為訓至永樂初始復來貢而後繼之於是往來數知我中國之虛寔山川之險易固肆奸譎時挈舟載其方物戎器出沒海道而窺伺我得間則張其戎器而肆侵掠不得間則陳其方物而稱朝貢侵掠則捲財朝貢則圖賜是間有得有不得而利無不得其計之狡如是且其所貢刀扇之屬非時所急價不滿而所靡國用弊民生而厚之者一則欲其向

化之心一則欲弭其侵邊之患也今其狡計如前所陳則非向化者矣受其貢亦侵不受其貢亦侵無可疑者矣然彼以貢獻為名既入我境而遂誅之則類殺降不武不義若從而納其所貢則其中其奸計而益招其玩侮竊以為宜降明詔數其不恭之罪示以不殺之仁歸其貢獻而驅之出境申明海道師臣益嚴守備俟其復來則雜而禽獮之則姦謀詭計被沮不行矣功雖按以上之言蓋是致君澤民之識間有懸斷速度之失失也者謂間則張其戎罯而肆侵夷不得聞則陳其方物而稱朝貢殊不知朝貢者倭王臣也姦偷者倭頑民也夫此倭夷久習中國之詩書顧知中國之儀文來若北虜一概而言賊也抑賊寇法必誅向無流適之隱謗彼倭安敢犯我耶又曰然彼以貢獻為名既入我境而遂誅之則類殺降不武不義此國中正仁義之言也但原不得其要須故議貢所不容者則云驅逐而已夫僧德陽龍喜者蓋緣招其來至比任臣也既不能勞來以勸宣明國法輒嗜殺之況復有進去者可降明詔數其不恭之罪以示不殺之仁者乎且招來貢夷況既殺之今其貢使必不復至流適得遂深固之謀此懷鼠竄蠶食之賊苟能止之不來乎賊寇年來瘡靡國用苦弊生民未若撥其不急之貢物使守祖宗之成法全活有用之邊氓馭夷之道得矣

嘉靖癸未巡按浙江監察御史歐珠等當日本使夷宗設謙導及別起

使人瑞佐宋素卿等讎殺之秋奏議略曰二起倭夷到來之時實因各官從事怠緩處置失宜釀成禍亂及至變作卻又一籌不展狼狽失措貽害生靈甚至以城門之扃鑰付之賊手以日本之國號封我東庫舉火自焚船司差官為賊嚮導帥墮馬而走匿民家守臣棄城而縱賊焚劫沿餘姚江吶喊殺人地方之驚擾可知抵紹興城逼令獻賊府衛之官何在且宗設所領倭夷不滿百十餘而寧紹兩郡軍民何啻百萬今乃任彼兇殘肆志攻略畢竟無與為敵尚謂國有其人致使蕞爾島夷淩視華夏蹂躪城郭破壞閭閻殺死都司方面質虜指揮貽國大恥事出非常中間隱匿事情得於道傳聞未易悉舉及查指揮潙恩奏詞亦曰其間情節隱礙甚多不敢盡露今若止令鎮巡官查勘回奏恐有上誤朝廷事機下貽地方災害法令幾於不振功罪終是不明況巡按御史當時倉卒間聞奏稽察未精鎮守等官身負罪愆豈肯吐實臣等風

夜思慮寳懷隱憂伏望皇上軫念海隅蒼生罹此凶變兼係裔夷猾夏
事體國紀特遣近臣素有風力才望者一員領敕前去寧波府地方逐
一勘查前項失事緣由分别功罪等第參詳奏來然後重行誅賞大明
黜陟庶人心以定國威以伸而四方邊徼皆聞風知所警懼矣再照宋
素卿本寧波人背棄中國潛從外夷正本朝叛賊法所必誅正德年間
勾引外夷與來入貢事已敗露將寘重典乃以金寳厚賂逆瑾夤緣特
旨幸逭天刑今次復因此人激成宗設之變訪聞宗設倭船先到而搬
貨在後素卿倭船後到而搬貨獲先宗設内已不平及市舶太監賴恩
置酒命坐又以宗設席次抑置素卿之下其心愈加懷憤搆此禍端實
為戎首若不明正典刑梟首海濱則將來射利効尤之徒習為謀叛靡
所禁絶伏望明旨送都察院兵部將今次朝鮮國獻賊倭中林望古多
羅二名遵照前旨經審明白案候仍將二倭押發浙江解送欽差官處

「今與宋素卿對鞫前項構禍緣由及彼國差遣先後并勘合真僞來歷」具招奏聞

臣謹按已上之言矣不切實臣時但康遠夷不易可得要領者功自奉使日本始知我　皇祖宗所給日本國勘合藏本王宮正德己巳日本學校之徒欲釋奠先師議請儀禮時宋素卿自謂鄭人希圖奉使故誘山城刺史細川高國幸請勘合於夷王宮始上納錢請給之既而入朝不允其請比有朱澄首鳴素卿乃姪朱縞弘治乙卯潛從貢夷去情時賂逆瑾夤緣持旨而去自後日本五畿南海西海山陽等道諸列國使因得利故不守候貢期亦各幸請勘合入朝此國素卿誅首也至是後來多事矣功又訪得鄭諸父老曰嘉靖癸未素卿復至賊舟初問岸人曰市舶者誰答曰賴太監又問之曰劉太監安否答曰逆謀伏誅矣瑞佐曰是何言賊素卿曰劉太監逆謀伏誅了佐曰若此不來也罷又訪得正德已已素卿去時逆瑾以指揮服色與素卿素卿復來罪犯重典囚繫憲獄而日給支夫內訌不為大戮以戒後來而乃囚豢二十餘年至歲丁未其子東瞻又發艘追隨正貢使僧周良而至鄭通事輩私哀東瞻省父之心乘機置之獄夷正使捏作獲送兵船內姦教誘有如此東夷可不聽從之於時官司尚未之審故違明例以敵後來之亂者此皆內姦之罪也此寧波民與素卿東瞻通信者發之素卿懼誅未幾自覺況未顯戮未足以告天下以令四裔致使內奸吳四郎於丁巳歲乃隨招來貢使德陽通事未幾招來市夷書妙等船泊舟山我方揚師善妙釁懼乃邀德陽同巢計不殺使以圖混全之故德陽不聽即欲易館以避乃以吳四郎偕倭使伴告於參將張四維四維疑詐恐蹈指揮袁璡之轍卒殺四郎及夷伴夫此夷伴蓋使招來貢者固不可殺而四郎乃背反亂夷之大奸假以四維之手豈非代天誅

戮手且如麴祥情固可憫功竊謂古今夷狄之初心未嘗敢亂中國法亂我法者蓋由內奸所致歷歷可考抑且癸未之亂蓋在腹裏一時失事初未寔關此論且詳欽差往勘事終難掩舟山之役事屬海島蓋謀不臧通神壅蔽矣夫既壅蔽儘能保己其如朝廷何其如蒼生何

監生薛俊上當道書略曰倭奴窺伺得間則潛剽刼以行鼠竊之奸不得間則佯稱以饗致魚之餌伏覩皇明祖訓暨大明會典 太祖高皇帝絕不與通 成祖文皇帝御極初始詔十年一貢船隻水手貢物俱有定額洋洋睿謨古先聖王制馭夷狄之道莫是過也邇年以來或比年貢或二三年一貢而貢無定期船或三或五或至六七水手或至千有餘而人船無定數叛靡常來否莫測靡費邊餉日艤舟以待一或失備彼之咎不追而此之罪莫贖噫可傷也伏冀當道借重奏請申明舊制移文到彼限以十年一貢船止一正一副水手多不過百如不及限及踰限而至即以寇論人船踰數亦以寇論此既不失王者示無外之意亦不使狡夷縱不恭之謀中國聖人之頌作九重東顧之憂永殄矣

功謹按已上之言而論且詳但貢與賦固不可以混說移文遣使固不可以從常餘議確然官如鄭傳執行也揪懲

嘉靖乙亥禮部等衙門會議奏略曰嘉靖癸未使臣宋素卿等逞兇構亂干犯天紀不許通貢一十七年此我皇上絕之之心耶即 太祖之心也春秋懲其不恪之義也昨歲使臣碩鼎等航海遠來卑詞納款禮部題奉欽依照例進貢此我皇上容之之心即 成祖列聖之心也春秋嘉其自通之義也功謹按已上之言正所謂春秋會戎來者勿拒去者勿追以不治而治之之意也嘉靖丙辰功奉宣諭具來報使置而不違嘉靖丁巳招來貢使拒殺逃亡嘉靖戊午招來貢使掩殺間通自後貢使絕[redacted]無來往亦無拒追致於逆賊頻年入犯曷曾長驅不返耶曩闢苦笑歌舞者捫心則大爽傷矣

嘉靖戊申巡撫浙福都御史朱紈當日本使僧周良先期奉貢之秋值許二許四倡亂洋海之際抑且人船逾數不准其貢使於海外守候至期內姦隱誘揑作護送兵船良詞懇納後不援例之說巡撫衙門酌處奏議其略曰臣聞開創軍門責任至重業以專奉勅旨從宜處置之命

日本一鑑窮河話海 卷之八

宣諭安挿勦除賊巢之後夷館私通出入又嚴禁制臣之宣諭即朝廷之大信也臣之勦除禁制即中國之大法也奸人之煽惑教誘臣之不敢姑容也彼之狡猾所以覘我守法之疎密者正在於此彼之驕縱所以雖有煽惑之姦而終不能違面審親筆之信者亦在於此彼之遵守約束安心在館不敢如往昔之沿途驚擾出外交通者亦在於此向使機事不密處置失宜雙嶼之巢難傾而衆夷之亂先作於時師老無功官民荼毒不知靡費騷擾狀也今撫慰既定乃欲執詞發回則衆夷必以臣為不足信其後不援例之詞亦將反覆而姦人煽惑之計遂行教誘之言遂動臣具不免誤事之罪雖有畫一之法亦無所施矣且中華人物尚有通番通賊背公私黨不守畫一之法如臣所參林希元許福猴德熹者　外夷犬羊欲以中國之治治之臣雖粉骨碎身無濟也何也六百人之軀命易制百餘年之邊釁難開爾功謹按已上之言莫不正心誠意但原倭夷地

陽漲海內姦隱誘煽卒難知底裏雖有面審親筆之信而奸民敎誘之計已成矣例外人船故納矣時若知之終爲俯就於時貢使固然不入賊巢而巢賊必不免於觴戮矣又曰六百人之軀命易制百餘年之釁難開蓋亦柔遠懷服之仁致君澤民之義也若舟山之役徒增太息而已

寧波志略曰番船不可通倭夷不必征今日倭奴不知揣量冒其不祥之災我惟備之殲之逐之出境而已然則倭奴悔禍或揚帆稱貢而至又將何以處之且前此入寇之少蓋以通番下海勾引嚮導者多也乃不嚴禁姦之令而欲開非時入貢之門是沸止而益之薪也況倭王微弱號令已不行於國中即使通貢果能禁諸島之寇掠乎且貢夷止數百而寇邊者動以千萬計豈寇邊之賊皆欲貢而不得貢者乎謂宜須明詔申命海道帥臣益嚴守備貢則卻而驅之出境寇則草薙而禽獮之則奸謀狡計破沮不行矣今之議者復曰昔王代盛王九夷八蠻五戎六狄莫不來王聖人之作春秋於荊楚猾夏則書人以黜之至遣椒

來聘復書辭以進招携以禮懷遠以德蓋王政之所不廢也倭奴自祖
宗朝効其職貢已非一日邇者朝廷准令移檄往諭實屬招來之意以
開其補過之門但奉使者不能直達於倭王以宣布聖天子威德而徒
以私意簡率行之歟罔觀聽如其欵邊納貢而峻却之恐未塞其自新
之路而益堅其稔惡之心東南未知所息肩也夫為是説者猶治病之
標而未察其本者也王者內夏外夷修之有道軍志亦曰毋恃其不來
者吾有以待之使在我者未修而疏於所恃也則通之適所以招侮絶
之亦足以啟釁此豈安攘之長策哉邇者臺省部寺會疏奏行九事曰
行撫諭酌以時議允協者而兼行之於內收順治之功而外樹威嚴之
績如其且寇且貢反覆不情則用威讓之令文告之辭以却絶之是恪
遵　太祖高皇帝之明訓義之所以為盡也如其隱匿伏罪重譯効欵
必欲率賓王化以自納於覆載之中則必質其信便堅其誓約敎令禁

戢各島不復犯我邊疆期以數年為斷共命不渝而後如先期著例容令入朝貢此　成祖文皇帝綏來之方仁之所以為至也是故明徵保定君子鑒成憲而行之爾劫謹按已上之言莫不周究悉究蓋所志者所憂家國之心無著也今擇要者而言之曰

番船不可通倭夷不必征事引勝國為鑒者此隱告舟山之役也曰倭寇我云傳職遂而計出於不得已蓋難寢兵之議耶曰倭海禍揚杭獅貢而至將何處之殊不知前者使人招其來市鄰欲殺之欲得據險負固持兵年餘四百之倭卒不能殺費靡無算乃縱之全勝而去此夷此心恩耶怨耶又況招貢遣誅得逃去者與前招來市夷者告本國中莫不懷憤加姦煽感貢使奚通貢使不通流通蓄禍倏怨發作辦何處之曰前入寇之少蓋以通番下海之人勾引入寇者多也乃不行禁奸之令而欲開非時入貢之門是止沸而益薪也此隱告戒遣使禁奸妾招市貢啟亂於我也夫今倭賊最我雖敵胡乃厚以館韈配以室家或處於杭城或携於都下或居於徽郡或豢於會犒此賊反得其所也夫館穀固百靈之胥血而婦女乃中國之生民痛值叔虜出於不得已胡以館穀婦女事諸倭賊也夫杭城乃東南財賊之地念都下正當清夷之中然徽郡為朱子又毋之邦而會犒乃衣冠文物之所苛容倭賊污染重地耶其來報使蓋欲禁奸此國効順之夷夷又莫匪人助長盜名不權過之故沮入朝及致債事謬請投荒姿置招人來貢夷不能蔽勸妾加殺戮顛倒錯亂内治不明國如中望東夷行禁而來貢止沸而抽薪者手曰倭王徽弱號令不行於國中即使通貢累能某赭島之寇據乎且貢夷止數百而寇邊者千萬計豈寇邊之賊皆欲貢而不貢者乎此隱

告戒不當招至列國之貢也賊寇焉圖入貢耶蓋今之賊雖自倭名擊
自流適之所作況流適何利賊不求貢可知矣曰宜須詔申命海道帥
臣益嚴守備貢則卻而驅之出境寇則草羅而禽彌之則奸謀狡討破
沮不行矣夫嚴守備不得不然杜門殺賊似非長隸曰今議者三代盛
王九夷八蠻五戎六狄莫不來王釁人之作春秋於荊楚猾夏則書人
以熙之遣椒來朝則書辭以進之招携以禮懷遠以德蓋王政之所不
廢也倭奴自祖宗朝効其職貢已非一日過朝廷推令遣使移撤往諭
實屬招來之意以關其補過之門但奉使者不能直達於倭王而徒以
私意簡率行之歟罔觀聽此明告戒奉使不忠者奚成招携懷遠之道
哉既以倭王微弱號令不行於國中遣使何濟貴使不前何謂也雖責
便人欺閭者蓋亦受其歟罔矣其果號令不行乎且使不達大甘歟罔
者自行大賫夫沈孟胡福爭乃功往諭日本於者後時值彼匪人忌功
忠義陰謀沮抑密令沈孟綱等齎書往諭倭王豐還中國之日而功預
罹媚娘囚繫不俾致遠使人遠遣姤害是可忍而孰不可忍及致償事
於舟山而乃班報蕩乎啟將報使投荒安置一至通神彌縱者是可欺
而執不可歟乎撥度其心之於旦氣之初非不自警但知事懷謀姑必
欲陷殺忠義以滅歟罔之跡爾功聞勸懲者人之性情也賞罰者人之
父毋也釁賞罰而忘勸懲天下惡寧取中哉日如款邊納貢而致卻之
恐永塞其自新之路而益堅其稔惡之心東南未知所息肩也夫為是
說者猶治病之標而未察其本者也王者內夏外夷修之有遣軍志亦
曰毋恃其不來恃吾有以待之使在我者未修而蹤於所恃也則通之
適所以招侮絕之亦足以啟釁此豈安攘之長策哉夫寇邊者蓋姦究
也奉貢倭王臣也察此二者即知其本然後可治其末天圖制其未必
光內修內治既修即服遠之長策也日大遹者臺省部寺致行撫諭酌

以時議允協者而兼行之國成功績如貢且威讓之令文吉之辭質其
信使堅其誓約遵照　太祖明訓之義　成祖倭來之仁明徵定保君
子鑒成憲而行之功藩謂欲行撫諭必須用人恐須用人不惟以功劾
忠不賞継禁七年以為戒又況沈孟綱等遠涉夷庭其成功歸罹陷害
壅蔽朝廷奇寬無比後奉使者以此莫不寒心耶夫質信使自古有之
所堂質者蘇武之於夷狄尚然還國邦經之於趙宋壅蔽危邦況今隆
識之世明良之世可為夷狄之事壅蔵之政乎且勝國者固夷狄也其
使黑的等之至對馬島執其彌二郎塔二鄭以歸而忽必烈尚遣使人
以還之今報使僧清按者蓋功順而已亂也可安置之而不遣乎報使
既不違招貢既遭誅此夷懷懲寇必不禁貢必不修何也彼隔漲海莫
不恃險負國又況祖宗誓訓不許勤兵於遠夫如是彼何復修貢職而
自求質乎假如質者或其覲王或其王子尚屬情功並於他使及如清
按何為重輕而中國體闕繫甚大此固不可以不纂也功昔使往日本
時抑知匪人忌功忠義陰遣使人齋路夷國之申言使違具君置功勿
遣以圖利夷申言曰中國有此大奸耶將擊之奸使適事遂寢嗟夫夷
狄之人尚知仁義有如此華人欺周一至於如是哉功竊謂中國之人
異於夷狄禽獸者蓋以仁義忠信苟亡四字不如夷狄不若禽獸偷生
亦奚以為功因諳闕適奚門比有監生鄭若曾聞而顧之願閑要領功
因出書以旅未若曾曰昔為圖纂圖編時似倭夷事風聞未真今見是
書情見不早世昔纂編類願為改證功國辭之若曾復曰事在國家願
勿我辭嗟夾若曾尚未會肉初見功書惜乎不早夾志箏渡者志在家
國也又豈不欲早見功書乎而明越也向為倭使往求之故適適為倭
箍出没之要津功念中國之民而岡胞拳使東夷得要領志書隱憂國
當嗟慰罹婦嫉恨慰不早茲所慰者即巡按直隸監察御史尚雖持所

頭及時內修以圖地方治安者也其他搖尾乞憐之徒傚犬嗥媚之輩
每與娼嫉匯人飾非文過慝世誣民罔上要功冒受子孫官祿開邊啟
釁不息滄海風波致百姓之災殃屢　九重之賓所累謂邊謀不臧歟
累謂厄數未究歟大抵古今敢羨必由忠未有歟周能濟時艱耶故昔
功為正言曰忠信不渝蓋古人也得回訖以定吐番忠信俱亡故今人
也玩土番以失哈密非已往之明徵乎而建州不壹維州之慎馭日本
不當己本之欺功懷鄭使之忠加感異萊之義既蒙　天使但欲攄忠
以圖治安雖羅娼嫉島敢睃睐貽生靈之慘毒苟取辱於名教而為千
古罪
人耶

嘉靖乙未通政唐順之奏議曰海寇入寇以來十餘年矣東南雖苦其
毒而賊之被殺者亦積至幾萬今年寇江北寇浙東者且萬餘而寇福
建者傳聞不下二三萬則是殺者不可勝紀而者不為少止夫為南倭
與北虜異口外砂磧之地從古以來原有韃子腹裏膏腴之地二十年
前原無倭子今口外尚有一年二年無寇而倭子却無一歲不來如此
不已非止外患將為內虞古云兵久則變生近者吳淞定海之間水卒
「呼糧挾官縛吏則兵變之漸矣蘇城人素性怯弱而游冶子弟懷毒蓄

機曰伺倭寇來裏外合應幸早發之猶尚燒官寺刼獄囚闕然一逞則民變之漸矣此其萌芽也誠不可不深圖而熟慮之若謂倭寇之來一歲支却一次一番支却一番便自了事則臣不知所終也伏惟聖明敕下禮兵二部備講祖宗以來招懷撫諭之略防海固圉之機及敕督撫諸臣遍訪倭事集議長策二十年前何以絕無倭患十年之間何以倭患若此年年禦寇是時是了如何可以永斷倭寇之路以復東南之舊苟可以利於國不必為身家顧慮苟可以便於今不必以成說拘牽內外臣工方略畢上然後聖明與廟堂大臣從中主斷而力行之期於三年四年斷却此寇臣猶以為速也不然一歲一來一來一勝臣猶以為浪戰功謹按已上之言可謂知本可謂知之至也蓋馭夷以禁賊者以夷入寇宣諭夷王禁之則已此皆懸斷遥度恒理而斯而已既入其境得知流通之淵藪奸究之盤根必須拔本塞源而禍始息諭之使禁但治病之標未究其本非善醫者也禍本不拔則必究兵兵每自亂奚為爭謐之道哉故功已未之疏不無有勝國揚完者之憂而有東滅西生之患也此豈不信餘論顧詳及歲壬戌功為馭夷正言曰私商之

路不窒則姦盜之禍不息奸盜之禍不息則來王之道不通此固知本之言也古云拔本不自其本則復生塞水不自其源則復流已禍不自其本必復亂此豈虛文也哉

嘉靖庚申浙江右布政使胡松鋟梓廣輿圖後附日本圖事憂絕要領故永長算其猶須詳議乎及至寓事則曰此段闕於誰某云至論時政然狗名弗思終屬文具若夫約己裕人宜民酌損修明法紀變易風俗力挽衰頹黷冒之習務効忠實節愛之政是謂先為不可勝則存乎其人焉

功謹按已上之言憂絕要領而難任人告戒歎罔而已夫治天下用匪其人多必償事既絕要領終甘自欺任人既當要領可得治事有濟又何欺罔哉嗟夫用人犯國家之難苟非忠信仁義者必不累也故舜典曰惇德允元而難任人蠻夷率服蓋任人固不可以不謹矣舉其往古而言曰龔遂之於渤海張敞之於冀州馮異之於三輔耿純之於東郡張堪之於漁陽張綱之於廣陵皇甫規之於戎羌諸葛亮之於孟獲郭子儀之於回紇宗澤之於王善凡此有功於國者皆由信義得之也故郭進之於軍校信則足以成功矜博之於唐介義則足以成德匪人難乎功德者反是故也夫治國家在於任人急於得人於是卑檀以求之側席以待之將使卑者踰尊疎者踰戚此加隆遇者蓋不得己也功昔謬以一一得之愚冒奏朝廷未嘗以卑第微賤而舍之耶功固難如科甲之貴也先儒有言曰夫人不必責賤有才則善才不必責

賤有用則善故太公舉於屠釣管子舉於牧奴李廣舉於騎射衛青舉
於奴僕趙充國舉於材官李勣舉於賊盜李晟舉於神策狄青舉於義
勇岳飛舉於小校韓世忠舉於應募凡此有功於國者曾何科甲之拘
哉必於科甲而用之雖顏淵伯奇無所施傳說伊尹無所事功昔奉使
蓋有明徵者功昔勤功毫毛體功昔奉詞皆可覆按痛罹媢嫉彌絕
無闇汎勳風生生靈荼壽孫憤不已此功反覆申說也肯劾毛遂自為
耶或曰孔孟大聖尚不得致君以行王道之於周程朱大賢尚不得澤
民以宣王道之於宋況今一統全盛之世朝野英賢何以勝算區區草
茅寧能
舉過乎

日本一鑑窮河話海卷之八終

日本一鑑窮河話海卷之九

奉使宣諭日本國新安郡人鄭舜功纂叙

接使

備按出使日本自魏正始庚申因倭女王卑彌呼遣使朝獻帶方太守弓遵遣使奉詔書印綬并齎詔賜金帛錦罽刀鏡采物至其國倭女王隨遣使上表答謝詔恩正始丁卯晉掾史張政使倭國先是倭女王卑彌呼與狗奴國男王卑彌弓平素不合遣使詣郡説相攻伐狀太守王頎到官遣塞晉掾史張政等齎詔告諭之卑彌呼卒宗女壹與嗣遣使送張政等還隋大業戊辰文林郎裴世清使倭國先是倭王阿每多利思比孤遣使朝貢國語書略云日出處天子致書日没處天子無恙帝覽不悦乃以世清往諭之其王遣使小德何輩臺從數百人設儀仗鼓角來迎後十日又遣使大禮奇多毗從二百騎郊勞迎至其都其世王

與世清來朝唐貞觀辛卯新州刺史高仁表使倭國先是倭國遣使來貢帝矜其遠詔有司無拘歲貢故遣新州刺史高仁表持節撫之使無綏遠之才却與其王爭禮不平不肯宣詔而還元至元丙寅兵部侍郎黑的等使日本先是日本之夷以元閏位而不朝於時高麗人趙彝等言日本可通擇可奉使者故於丙寅秋八月命兵部侍郎黑的禮部侍郎殷弘國充正副使持書往日本道由高麗國王王植以帝命遣其樞密院副使宋君斐借禮部侍郎金贊等導詔使黑的至日本不至而還丁卯夏六月帝謂高麗王植以辭為解令去使徒還復遣黑的等至高麗諭植委以日本事以必得要領為期植以海道險阻不可辱奉使命秋九月乃以起居舍人潘阜持書往留六月亦不得要領而還戊辰秋九月命黑的又復持書往至對馬島日本人拒而不納執其彌二郎塔二郎而還庚午夏六月命金有成送還執者俾中書省牒其國亦不報

有成留太宰府西守護所者久之還黑的遂不復往冬十二月又盡命」
秘書監趙良弼持書使日本良弼將往乞定於其王相見之儀廷議與
其國上下之分未定無禮數可言帝從之乃招諭高麗王植送國信使
趙良弼通好日本期於必達仍以忽林失王國昌洪茶丘等將兵送抵
海上比國信使還姑令金州等處屯住辛未歲夏六月日本通事曹介
升等上言高麗迂路導引國信使外有捷徑倘得便風半日可到若使
臣去則不敢同往若大軍進征則願為嚮導帝曰如此則當思之秋九
月高麗王植遣其通事別將徐稱送良弼使日本始遣稱四郎入朝宴
勞遣書狀官張鐸來言去歲與日本人稱四郎等至太宰府西守護所
守者云曩為高麗所紿屢言上國來伐豈期皇帝好生惡殺先遣行人
下示璽書王京去此尚遠願先遣人從奉使回報良弼乃遣人同其使
二十六人至京師求見帝疑其國王使之來云守護所者詐也詔翰林

承旨和禮霍雲以問姚樞許衡等皆對曰誠如聖算彼懼我加兵故發
此輩伺吾强弱耳宜示之寬仁且不宜聽其入見從人是月高麗王植
致書日本夏五月又以書往令其必通好大朝皆不報癸未歲趙良弼
復使日本至太宰府而還乙亥春三月禮部侍郎杜世忠等使日本先
是甲戌春二月鳳州經略使忻都等期秋七月征日本冬十二月入其
國虜掠四境而歸至是遣使禮部侍郎杜世忠兵部侍郎何文著計議
官撒都魯丁往使復致書亦不報遠至庚辰春二月日本殺國使杜世
忠等帝怒命范文虎等率兵十萬往征之得還者三人耳歲甲申玉積
翁等使日本先是癸未歲淮西宣慰使昂吉兒乞寢兵後乃以其俗尚
佛故遣王積翁與普陀僧如智往使舟中有不順行者共謀殺積翁不
果大德戊戌僧寧一山者使日本先是浙江之平章政事也速答兒乞
用兵日本帝以非政故遣僧寧一山者加妙慈弘濟大師附商舟使日

「本而日本人竟不至至大戊申遣使日本於時浙海有警比内高麗國」
王王章之言乃罷征夫使招來市明年己酉從彼之來互市慶元即不
滿所慾卒燔儀門及天寧寺館而去至元間處士吳萊議使日本所志
不果至今惜之聖朝初遣使以即位詔諭日本洪武己酉行人楊載使
日本先是倭寇廣東地方故遣楊載齎璽書使其國明年庚戌又遣萊
州府同知趙秩齎詔往諭之秩泛海至析木厓闕者拒之秩以書達其
王良懷始延入諭以詔旨威德責其不臣王者曰吾國雖遐在扶桑未
嘗不慕中國之化昔蒙古戎狄蒞華乃以小國視我使趙良弼訹我以
好語初不知其覘國也既而發水犀數十艘一時雷霆風波漂覆幾無
遺類自是不與通者數十年今使得非蒙古良弼之雲仍乎亦將訹我
以好語而襲我也將及之秩徐曰聖天子生華帝華非蒙古比我非良
弼之亂爾悖而殺我禍不旋踵矣王氣沮下延秩禮遇有加具方物遣

僧九人隨秩奉表稱臣入貢又送至明州台州被虜男女七十餘口洪
武辛亥僧祖闡克勤等使日本惟時　太祖高皇帝謂劉基曰東夷
固非北胡腹心之患猶蚊蚤警悟自覺不寧議其俗尚佛教宜選高僧
說其歸順遂命明州天寧僧祖闡南京瓦官僧克勤使日本賜以緇器
禪衣之屬令大官進享於武樓臨行天界住持宗泐為諸詩贈行云
帝德廣如天聖化無遐邇重譯海外國貢獻日貲委維彼日本王獨遣
沙門至寶刀與名馬用致臣服意天子矜其衷復命重乃事由彼尚佛
乘亦以僧為使仲猷知心宗無逸寫經義三師當此人才力有餘地朝
辭閶闔門夕宿蛟川矣鉅艦揚獨帆長風天萬里怒鯨不敢驕馮夷効
驅使滄茫熊野山一髮青雲際王臣聞詔徠郊迎聖忻喜時則揚帝命
次乃談佛理中國法師尊遠人所崇禮祝茲將命行孰有重於此海天
茫無涯相念情何已去去善自持願言見終始持獻於上俯覽賜和云

嘗聞古帝王同仁無遐邇蠻貊盡來賓我今使臣委仲猷通洪玄倭
夷當往至於善化凶人不負西來意爾僧使遠方毋得多生事入為佛
弟子出為我朝使珍重浦泉徑勿失君臣義此行非瀚海一去萬餘里
既辭釋迦門白日宿海涘艨艟掛飛帆天風駕萬里平心勿憂驚自然
天之理體問海茫茫直是尋根際諸仸佛放光倭民大忻喜行止必端
方毋失徑之理入國有齋時畢齋還施禮是法皆平等語言休彼此尺
善凶頑心了畢絕方已歸來為拂塵見終又見始 功奉宣諭恭和一章 附錄滄海起狂濤
宵旰憂在邇草莽奮孤忠解紛獨自委仗策謁金門激切昇聞至奉命
行扶桑念言宣德意廊廟俯就時南來召從事今此同誓盟各各盡忠
義義勿慮風波忠可格天地朝出虎頭門日望萬羽市汪洋泛一樓畫
夜六百里馮夷肯効靈道彰偕信偕仗壽安鎮國山有物少有際若或得
其情哀矜而勿喜道本皆人心口則談天理信使蠻貊閭盡行中國禮
德教既周流尊親無彼此歸來報聖明滄海狂濤已仁者遺令言作事
必謀
始 祖闡等自翁州郡濯五日至其國又踰月入其都館於洛陽西山
精舍一遵聖教敷演正法無非約之於善聽者聳愕以為中華禪伯巫

白其王請主天龍禪寺乃夢窓國師道場名刹也祖闡以無上命力辭之且申威德罔間內外所以遣使來之意王悅命僧宣聞溪同僧淨業喜春等奉表稱臣來貢上嘉賜祖闡克勤白金各百兩文綺帛各二疋從行僧白金綺帛有差祖闡等去癸日本臚馬命受之洪武庚申遣使招諭日本王先是日本關東征夷將軍源義滿遣使貢方物不持表文惟奉丞相書上命却其貢時倭寇廣東是以遣使詔諭之洪武壬午　成祖文皇帝遣使以即位詔諭之永樂癸未左通政司趙居任張洪僧錄司右闡教道成使日本賜居任等各紵絲衣一襲道成金襴袈裟及僧衣錫杖如意淨瓶鉢盂各一事仍賜銀三十各鈔十錠錢一萬文甲申秋九月居任還賜綵幣三表裏鈔二十錠嘉其能却贈遺故也冬十月遣使日本先是日本王源道義遣使先白番來貢故命使齎冠帶錦綺紗羅及龜鈕金印以賜之永樂甲申中官鄭和使日本惟時倭寇浙江直隸地方故遣鄭和奉勅討賊永樂

乙酉鴻臚寺少卿潘賜内官王進等齎九章冕服鈔五千錠錢千五百緡織金文綺紗羅絹三百七十八疋賜日本王以獻所獲倭寇故也永樂丙戌僉都御史俞士吉齎璽書褒諭日本國王源道義先是對馬島海寇刧掠居民敕道義捕之道義出師獲渠魁以獻而盡殲其黨類上嘉其勤誠故有是命仍賜道義白金千兩織金及諸色綵幣二百匹綺繡衣六十件銀茶壺三銀盆四及綺綉紗帳衾褥枕席器皿諸物并海舟二艘又封其國之山曰壽安鎮國之山立碑其地上親製文曰朕惟麗天而長久者日月之光華麗地而長久者山川之流峙麗於兩間而永久賢人君子之令名也朕　皇考太祖聖神文武欽明啓運俊德成功統天大孝高皇帝智極八周而納天地於範圍道冠百王而亘古今之統紀恩施一視而溥民物之亨嘉日月星辰無逆其行江河山岳無易其位賢人善俗萬國同風表表於茲世固千萬年之嘉會也朕承鴻

業享有福慶極天所覆咸造在廷周爰咨詢深用嘉歎惟爾日本國王
源道義上天綏靖錫以賢智世守茲土冠於海東允為守禮義之國是
故朝聘職貢無闕也猶是四方之所同也至其恭敬栗栗如也純誠懇
懇如也信義旦旦如也畏天事上之意愛自保國之心揚善遏惡之念
始終無間愈至而猶若未至愈盡而猶若未盡油油如也源源如也邇
者對馬壹岐暨諸小島有盜潛伏時出掠刼爾源道義能服朕命咸殄
滅之屹為保障誓心朝廷海東之國未有賢於日本者也朕嘗稽古唐
虞之世五長迪功渠搜即叙成周之隆髳微盧濮率遏亂畧光華簡冊
傳誦至今以爾道義方之是大有光於前哲者日本之有源道義又自
古以來未之有也朕惟斷繼唐虞之治舉封山之典特命日本之鎮號
為壽安鎮國之山錫以銘詩勒之貞石榮示於千萬世銘曰日本有國
鉅海東舟航密邇華夷通衣冠禮樂昭華風服御絺繡考鼓鐘食有鼎

殂居有宮語言文字皆順從善俗殊異朅與我萬年景運當時雍皇考
在天靈感通監觀海宇罔不恭爾源義能迪功遠島微寇敢鞫凶醜竊
蠅嘬潛其踪爾奉朕命搜捕究如雷如電飛蒙衝浥港餘孽以火攻焦
流水上獲復縱什什伍伍擒奸宄荷校屈肘衛以鏦獻俘來庭口喁喁
彤庭左右誇精忠顧茲太史疇酹庸有山鎮國宜錫封惟爾善與山增
崇寵以銘詩貞石礱萬世照耀扶桑紅功奉宣諭恭和一章附錄云日本島居溟渤東貢道由來萬里遥自從恭獻邁夷風照耀史冊世所鍾遡來部曲不守宮草竊妄作朝膂從上帝震怒委元戎撥亂反治會時雍東滅西生罔會通不明要領壓篤恭漢家惟羨貳師功嚴明紀律殲群凶嗟哉捕戮須捕踪物知本源兵獻究汎動奇伏分要衡可守則守攻則攻至仁之術非縱橫七擒七縱執敢光邊廷躪武聲鏦鏦臣思文告思喁喁上帝好生臣盡宣力濟濟皆登膚黎民祝願効華封泰山不讓土壤崇頌勳紀續巨石礱草茅自愧顏發紅
使臨日本國王源義道隨遣使人進貢謝恩永樂戊子中官
周金使日本先是日本國王世子源義持以父源道義卒遣使告訃故
命周金往祭賜謚恭獻賻絹布各五百疋復遣使齎詔封源義持嗣日

本國王賜錦綉紗羅六十疋仍遣使賫敕諭其討賊以光恭獻之功隨遣使奉表貢方物謝恩永樂辛卯中官王進賫勅賜日本國王源義持織金紗羅綾絹百疋錢五千緡嘉其屢獲倭寇故也永樂丁酉刑部員外郎呂淵改贈行人使日本時捕倭將士擒賊數十人獻京師賊有微葛成二郎五郎訊之皆日本人羣臣言曰日本數年不修職貢意為倭寇所沮今首賊乃其國人宜誅之以正罪上曰遠人威之以刑不若懷之以德姑宥其罪遣使押示其王故淵奉使日本隨遣使奉表謝罪朝貢如初海患乃息宣德癸丑中官雷春出使垂弔日本國王其嗣王隨遣使進貢謝恩嘉靖癸未布衣鄭舜功奏奉宣諭日本國自歲庚戌以來倭寇猖獗荼毒生靈命將調兵遠近搔動功原草茅生逢聖明之世追念先世忠義書史旌常奮輙狂愚廣詢博採伏覩我皇祖宗之舊章「慼懷淵穎之心志且以博望未究定遠餘詐但欲謹持忠信布宣文德」

用夏變夷塞源拔本以為東南長治久安之計於歲乙卯赴闕陳言荷
蒙聖明不以愚昧罪功特下兵部咨送總督軍門轉咨浙福軍門文移
浙江司道議功使往日本國採訪夷情隨機開諭歸報施行等因功募
從事沈孟綱等訂盟歃血忠義一心盡忠報國取道嶺海治事偵風丙
辰汎月舟至日本豐後國自以大明國客之名隨諭西海修理大夫源
義鎮禁戢所部六國地方其餘列國止可移書由其禁否功椄大體必
先曉諭日本王乃得遍行通國協一禁止我舟因風不可泛海又椄豐
後且有姦宄顛倒其間功加深慮隨為批書付與從事沈孟綱胡福寧
潛濟二海曉諭日本王期得真情歸報朝廷以為東南長治久安之計
庶不負功捐軀圖報之心也從事去後功於豐後國察知姦宄之淵藪
盜賊之盤根必欲塞源拔本期無東滅西生之患既得要領漸次曉諭
修理大夫源義鎮與國臣鑑續長生鑑增鑑治親守鑑速鑑直國僧清

梁等議欲遣人附舟報使請奉國典還國一體遵照施行以順天朝之意此其先知向化之心也功以白手空談仰伏聖德用竭愚忠獲其聽信自謂一奇遂不顧非時之險與報使清授俱來遂流溯風延廻大小琉球國凡四十晝夜萬死一生乃克至廣歸報軍門奏聞區處庶使東海之兇早定邊鄙之民早安南顧之懷早紓於是備言軍門非惟不用功謀而更陷功於獄繼而從事沈孟綱胡福寧曉諭日本國王源知仁與其文武陪臣近衛三條西柳原飛鳥井滕長慶等會議行禁遂與回書并付信旗與孟綱等經過豐後豐後君臣告以差僧附舟報使之意亦與信旗盡彼之域回至潮州海上執批投赴關望巡檢司照驗竟被弓兵毀滅批文誣執下獄信報得知言於軍門而不之信令人赴廣伸救已陷殺於其間矣既而任臣勛長儥事致臣幽禁乃以報使清授安引典例謬請安插於四川圖滅欺罔之跡前此事情功於丁巳己未歲

三次奏聞痛遭彌縫今數年矣而忠勇智謀之人雖歷抱火積薪之憂蓋以功與沈孟綱等爲戒無復敢言者自匪人去位之後訴冤憲司哀憐釋獄赤心未灰步走京師上言兵部以心迹冤哀朴忠津洛浙江軍門收錄之錄抑惟海患東生西滅春備秋防而人視之猶痼症何也蓋憂世者不得其情得其情者不得其位得其位者不得其信世人皆醉何忍獨醒故將宣諭之旨節略微情俾救世者宣昭文德忠信以明賞罰勸懲不惟孤憤得伸奇冤得白荒夷得所堂堂天朝奠安矣大抵奉使而難任人若非成仁取義之懷視死如歸之志者不能綏遠必致誤國故易有云開國承家小人勿用甘難國家之難者非懷忠信不亦難乎功賤學踈不登科甲謬承天使敢不欽哉前比畧言古今使人別詳呈樣纂節

海神

備按日本之域懸隔漲海天使其間必使五六晝夜經無究之巨浪歷

不測之深淵化外來歸艱危若是痛定思痛毛聳骨寒若非皇祖宗之
威靈荷上玄之聖德致鬼神之呵護此功忠義之身心蓋莫不葬於魚
腹埋於獄底安得復言要領也夫此賴海神感應之功固可以不可矣
伏自乙卯歲工部右侍郎趙文華奏奉欽敕祭告東海出師捕賊比功
奏奉宣諭採訪夷情深入萬死一生之地煙漲鴻濛之間乃知乙卯丙
辰倭賊入寇年約十萬餘多遭漂没及有漂至諸東夷國者盡被殲之
惟朝鮮則殺倭而歸華人功得要領隨許報使急欲歸奏聖明庶使邊
鄙之民早安南顧之懷永紓於是歸志甚速時非汎月衆皆疑沮乃告
諭之曰我等既為地方共効忠義必蒙天神之佑行將無危衆不之信
乃具牲醴質之於神神皆協吉衆毋敢譁隨與報使俱來出外洋水道
風忽轉逆左右皆馬蹄礁舟觸即破舵經處所忽漏舟之水浸者數板
而莫知水從何入卜諸神云占舵倉也驗視得孔竇遂窒之舟得不溺

「隨風延廻大琉球見兩石山嵯峨如刀而入目曰石劔門門路正窄禱」蒙神佑我舟正出其間且舟泛淡水遂泊一小島夷音耶剌付問泉尚遠日晡不及夜得風乃行舟至天明見石塌間有泉上涌如虹意上涌者為澹水也令人取之以活舟衆且行風作凡一晝一夜舵牙折者二十許舟之備木易之殆盡已而併舵俱折衆皆祈禱有光類火其大如升降於舟又異香襲人風稍恬乃以備舵易之乃行風張於前惟舵着水夜甚昏黑無所見衆伸祈禱頃之有光一道如纜拽舟迤邐至廣及羅媢嫉縶身縲絏獄衆多災乃於良夜祈禱之曰　功　抱忠義捐軀蹈海蓋為生靈立性命萬世開太平痛羅媢嫉久羅壅蔽　功　屈不伸遷患不已若蒙天神可憐忠義庇佑呵護庶幾得上要領不負草茅奉使之誠聖明用人之實益顯鬼神護國佑民之功矣明晨異香滿室人衆驚異莫知所以　功　深思之必荷神佑要領上亦有日矣既荷釋放再復來京以上

要領途路辛勞病患疾火不事湯藥從事為功代禱曰一誠為國十載亡家茲者跋涉將上要領於朝以竭忠義以奠黎元以酬初志今病臺危要領奚進邊鄙奚安如神保庇東南可憐忠義俾喉吞吐得飲湯藥庶幾

夷利貨乃殺商人神

「祇顯幽災及島宇況此行商大海之神不害島夷殺害隨降異災於其間豈天使人不蒙海神之庇乎念斯神靈本是婦女功固草茅本是男兒雖無官守言責況已奉天使正氣尚存赤心尚在又豈不念婦女之」

靈耶囊羅娼嫉亦功數奇今上要領赤心已盡庶不負上玄遣使之大
恩海神庇佑訶護之至德俾沈孟綱等之在九地知功上言與伸寃抑
然此忠義之靈則亦必為厲鬼黙虩賊奴之魄底定以為長治久安之
報矣　　門緣由交著不能刪整者寡學孤忠之
故也伏望皇上俯良犬馬微勞平戈未已特勅詞臣刪其繁文少資時
政以為撥亂反治之用不惟草茅幸甚東南幸甚天下[illegible]

日本一鑑窮河話海卷之九終

日本一鑑窮河話海　卷九